古代美術史研究

四　編

第 3 冊

風格的視野
——漢唐之間平面圖像美術考古（下）

李杰、弓淼　著

花木蘭文化事業有限公司

國家圖書館出版品預行編目資料

風格的視野——漢唐之間平面圖像美術考古（下）／李杰、弓淼
著 ─ 初版 ─ 新北市：花木蘭文化事業有限公司，2019〔民
108〕
目 6+148 面；19×26 公分
（古代美術史研究 四編；第 3 冊）
ISBN 978-986-485-760-9（精裝）
1. 美術考古 2. 中國
618   108001557

ISBN-978-986-485-760-9

9 789864 857609

古代美術史研究
四 編 第三 冊
ISBN：978-986-485-760-9

風格的視野──漢唐之間平面圖像美術考古（下）

作　　者　李杰、弓淼
總 編 輯　杜潔祥
副總編輯　楊嘉樂
編　　輯　許郁翎、王筑　美術編輯　陳逸婷
出　　版　花木蘭文化事業有限公司
發 行 人　高小娟
聯絡地址　235 新北市中和區中安街七二號十三樓
　　　　　電話：02-2923-1455／傳眞：02-2923-1452
網　　址　http://www.huamulan.tw 信箱 hml 810518@gmail.com
印　　刷　普羅文化出版廣告事業
初　　版　2019 年 3 月
全書字數　365523 字
定　　價　四編 23 冊（精裝）台幣 66,000 元

風格的視野

——漢唐之間平面圖像美術考古（下）

李杰、弓淼　著

目

次

第七章　形式風格延承

　　如果將中古時期平面藝術放在一條以時間爲序的平行線上，對其形式表現進行比較，就會發現從漢魏時期的形式風格有著逐步明確表達人體結構的趨勢。其深層的形式意義體現在中古前後，人物畫形式表現的長期積累和對外來文化積極融合之上。特別是中古時期對人物畫轉折的影響至深，甚至可以說，中國傳統人物畫既是在中古人物畫的理論及技法的基礎之上進行的整合與深化的結果。

　　漢唐平面藝術是中國傳統繪畫的主要組成部分之一，爲了更加清晰的瞭解這一時期繪畫的形式風格特徵，本章將擴大研究範圍，力圖以對傳統人物畫整體形式風格演變的分析當中引代出這一時期平面藝術的時代形式特徵和歷史作用。

　　中國傳統人物繪畫是由幾個相對集中的線群來表現一個人的複雜形體造型，在這些線群是由表現關節轉折結構的結構線群及豐富畫面的主觀裝飾線群所組成。每一組線群都代表著一種方向上的暗示，線群之間的相互配合就是各種「暗示」的相互呼應，它們的相互平衡就構成了一個感覺意義上完整的中國人物畫的線群組合，這種相互呼應的組合所產生的形象具有一種相互平衡的作用力，這種平衡不是現實形體上的物理平衡，是畫家對於畫面中線的主觀分佈而在視覺上所產生的意象平衡，不僅僅是對客觀物象的直接刻畫，而是通過線條相加而成的有共同走向的線群之間，通過配合而形成視覺形象上的「眞實」。

　　關於中古時期的形式風格研究，不能簡單的框定於歷史時期的限制，不但要看到魏晉南北朝時期的藝術變革，同時還應重視這種變革產生的結果以

及對中國傳統繪畫的巨大影響。因此，本章會將主要論述時期主要設定在漢唐之間。本章將對組成中古時期繪畫形式組合中的結構性線群與裝飾性線群進行單列分析，並關注兩者間的作用關係與演變軌跡。以此來討論中古時期人物畫的形式風格及演化規律。關於這種提法並非筆者獨創，楊效俊先生就曾在《從西安地區唐墓壁畫中的女性看初唐的繪畫風格》一文中，將人物畫形式風格的要素分爲「輪廓線」和「衣紋線」，〔註 1〕然而，楊先生雖有此提法卻並未沿此線索進行深入研究。

第一節　線群的結構性

一、形式基礎

1、早期圖繪形式本質

　　人類藝術起源說法不一，有說勞動者、有遊戲說、有巫術說等等，不管何種說法，超出自然屬性的活動也就是人類脫離動物屬性的開端。我們在史前文明遺存中可以看到許多超出自然屬性的趨於規範、明確、同一的秩序性創造，其中最具典型意義的是彩陶紋飾。彩陶上的強烈的秩序性紋樣，使我們清晰的看到了人類創造的秩序性規範與自然和動物屬性的本質區別，也就是說，當人類的秩序性越規範，即表明人類與混沌的自然屬性越遠，人的自主意識也就越明顯。

　　彩陶是早期人類最具代表性的圖繪形式，它不僅是生活用品，同時也記載了人類進化的重要線索。因此，美國人類學家路易斯・亨利・摩爾根（1818～1881 年）在《古代社會》一書中說：「對於人類文化順序相承的諸階段的起點，我們選擇了陶器的使用作爲其中一個分界標誌。」中國彩陶長達 5000 多年的發展，在主要江河流域都發現有所發現，並彼此影響成爲多項延展的龐大體系。〔註 2〕

　　自從彩陶發現至今，有關人類如何創造藝術的疑惑一直是美術史甚至是哲學史的重要課題。爲什麼早期人類彩陶圖繪形式是由各種規整的直線、弧

〔註 1〕楊效俊，從西安地區唐墓壁畫中的女性看初唐的繪畫風格，陝西歷史博物館館刊，第十五輯，三秦出版社，2008：268～269。

〔註 2〕張朋川，中國新石器時代的彩陶和彩繪陶──黃土上下，山東畫報出版社，2006：3。

線、方形、圓形、三角形、等各種具有普遍性的幾何形式來構成。方形和圓形是所有幾何圖形的兩個基本形，是人類獨創的視覺和物理秩序。雖然動物也可能刻畫出直線或弧線，但卻不能像人一樣畫出一個完整的圓或方。我們無法還原古人的狀況，但可以通過幼童階段來體會人類早期的行為狀態，「就像人在幼童階段的某一時期本能的都會畫出圓圈（信手畫成的弧線儘管彎彎扭扭，他總要把線條的終端接上它的起點。）和直線，於是就用圓（弧線）和方（直線）來構成各種稚氣十足的圖畫。」〔註3〕而當人類獲取了這種新鮮的技能之後，方圓意識也就貫穿於它們生活的方方面面，例如，圓形的聚落群、圓形配飾、圍欄以及汲水、炊飲的陶器等等。

> 人類獲得了方圓意識，方圓意識的物化行為使人類的生活環境煥然一新，人類自身也因人為形式的鮮明而得到肯定。於是，由種種偉大意義而產生的崇高感情亦溶入對於方圓形式的審美感情之中。〔註4〕

因此，藝術在不自覺的生活狀態中產生和發展。而另外一種更為古老的藝術──岩畫，則更能激起我們對遠古人類的共鳴。

當我們在觀看早期人類所創作的岩畫時，會發現，這些圖繪基本都是以勾描外輪廓來達到象形於客觀存在的物象。關於這種現象的產生，基德（S.Giedion）的解釋是「藝術是作為人的內心視像（inner sight）的一種反響而出現的。」〔註5〕朱狄先生在對原始人類與兒童心理反映進行對應研究後，對這種以心理反應而形成的創造性知覺做出了解釋：

> 原始人和我們一樣，有各種各樣方式的「看」，把一隻猛獁象看作是猛獁象，這是一種「看」，它是一種最日常的知覺方式；但「看作為」卻不同了，把一塊岩石看作為是一頭猛獁象這就不再僅僅是一種日常的知覺方式，在很大的程度上，這是一種審美知覺的創造，因為在這裡可以發現一種內向觀察在伴隨並補充著外向觀察，甚至決定著外向觀察。它不只是普通的知覺，而是一種創造性的知覺。
> 〔註6〕

這種與生俱來的知覺反應，其目的就是以一種物質來顯示出另一種物象

〔註3〕程徵，「彩陶圖畫」與方圓意識，文藝研究，1994，6：119～120。
〔註4〕程徵，「彩陶圖畫」與方圓意識，文藝研究，1994，6：119～122。
〔註5〕朱狄，藝術的起源，中國青年出版社，1999：48。
〔註6〕朱狄，藝術的起源，中國青年出版社，1999：51～52。

的視覺形態。而這種質樸的創造性知覺所具體表現出的就是，能夠以基本準確的線條或平面色塊畫出客觀現實中具體物象的形狀，並以這種圖形來代替客觀物象。即如新石器時期「彩陶盆繪舞蹈紋」盆上的聯手人形圖案、(圖7-1-1）大地灣地畫「雙人圖」中的簡單人形（圖 7-1-2）等。以當今的觀念解釋，就是他們不自覺地掌握了客觀物象物理結構的表現方法，早期人類所畫出的線條不單單是框形作用，它既是形象輪廓而且還是形體的本身，所以，在這些原始線條中也就隱含著我們所說的能夠顯示出人物特徵的結構性線形的雛形。

圖 7-1-1　《彩陶盆繪舞蹈紋》

新石器時期，中國歷史博物館藏，源自：洪再新，中國美術史圖像手冊-繪畫卷，中國美術學院出版社，2005：6。

圖 7-1-2　大地灣地畫《雙人圖》局部

新石器時期，源自：洪再新，中國美術史圖像手冊——繪畫卷，中國美術學院出版社，2005：6。

　　早期繪畫線群的形成，具體的說就是在人的視覺意識當中，把一個現實當中的客觀物體投影的邊緣部分統一起來，並使之與其他部分脫離開來，從而形成了一條完整連續的線條。這樣的線條與客觀形象具有高度的統一性，因為，這條線形是根據客觀實體所呈現的具體形態而理性對應而出的，這種線形不是以畫家的主觀意識所虛構的主觀性線形，但它又是畫家在二維平面當中主觀表現的「想像力的出發點。」〔註7〕

　　在史前岩畫中，東西方雖然所處地域不同，但在平面造型的表現上卻驚人的相似。這主要是由於早期人類的狀態就如人的童年一樣，我們可以看到，當兒童在作畫時，並不是以直接對景形式來描繪，而是以記憶的形式在「想像」中復原現實物象。這種記憶的描繪形式必然不會有具體形象的準確描寫，只是一種概括性造型形式，這也是早期人類共性的直覺表現。經過數千年的積累後，西方的平面造型在受到進步科學的影響，逐步形成以對景寫生的方式來加強平面造型視覺直觀性的表達，來「準確」描摹自然。對景寫生對於西方繪畫來說就幾乎就是繪畫的一切，意大利哥特式畫家琴尼尼（Cennio Cennini，di Drea）在介紹自己的繪畫經驗時說：

　　　　你要記住，只要你能夠擁有的，最完美的指導者，最好的指南，最光明的燈塔，就是寫生。寫生比一切坆本都重要，你要打心眼裏相信它，特別是當你在素描上獲得了一定的經驗之後。要經常地畫點什麼，一天也不要放過，不管你畫的東西是多麼小，它依然非常重要，這可以給你帶來莫大的好處。〔註8〕

　　西方平面造型在經過長期發展下，特別是西方數學性哲學的引導下，繪畫逐步形成了以較為科學的方法而形成的直觀模擬現實物象的對景寫生式造型法則。而中國繪畫卻還一直沿著「記憶」的概括性塑形方式繼續發展，並在秦漢之際形成了一種相對固定的概念化（類似符號性質）配置組合形式的造型程式。

2、概念化的線群程式

　　魏晉南北朝人物畫的形式風格，主要是以中國早期傳統「概念化」線群

〔註7〕〔德〕阿道夫·希爾德勃蘭特，潘耀昌譯，造型藝術中的形式問題，中國人民大學出版社，2004：31。

〔註8〕〔俄〕古貝爾·巴符洛夫，劉惠民譯，藝術大師論藝術（第一卷），文化藝術出版社，1987：287。

組織與外來繪畫形式相互碰撞、融合而形成,「概念化」線群則是中國傳統人物畫形式組織的基礎,並主導者中國人物畫一直保持著強烈、鮮明的本土化特徵而發展。

就如前文所說,由投影邊線所組成的連線,雖然可實際的表現出物象外形的輪廓,但卻不能體現出物體現實存在的三維狀態,所以,只能是一種概括性線群組合。

秦秦漢之際,平面藝術家繼承了早期繪畫的概括性造型觀念,由於繪畫的功能性目的及概括性造型意識的延續,秦漢畫家對於造型的準確性並不深究。他們所關注的是畫面中人物的社會功能性特質,即繪畫的情節性表現。從現已發現的考古資料來看,這一時期的平面藝術幾乎都偏重於畫面中所體現出的故事情節性。在這些平面資料中,以漢畫像石的數量最大,表現的情節最多,它的表現內容基本有三類:一為,表現墓主生前的樂舞、庖廚、飲宴、博弈、燕居等生活場景;二為,表現帝王、忠賢、二桃殺三士、荊軻刺秦王、周公輔成王、孔門故事及歷代孝子等歷史故事;三為,表現神話傳說、天文相術和祥瑞物象等。從漢畫像石的出土地點來看,幾乎涵蓋了大部分漢代的漢族集居區域,在這些不同地區所出土的圖像題材及藝術手法極其相似,這也說明,漢畫像石基本能夠代表這一時期的平面造型程式以及時代審美風尚。

在秦漢的平面造型中,人物的頭部、身體都是有固定的形式程式,並以人物的身份性質來區別,畫家會根據不同人物的動作將它們配置組合起來,在漢畫像石的平面人物造型中這種現象相當明顯,在幾乎所有畫像石中我們都可以看到,不同動姿的身體,不論正面或側面,他們的頭部表現形式卻是統一的正側面。從大量漢畫像石圖像來看,漢畫像石的造型特點是以人物的輪廓來定形,並沒有體現出具體某一人具體形象特點,而是表形某一類人的形式規範。使得畫面當中的人物具有了一種人們普識性的固定表現形式,這種以各個帶有明確指向意義的具有符號性質的單元組合,其整體最終將自身富有意義地表示為一種「指涉、再現和意義」﹝註9﹞的構成組合結構,它是人類繪畫早期的表意性表現形式正常發展的必然現象。在古埃及平面作品中有著與漢畫像石極為相似的穩定不變的法則,其中最為代表的即是「正面律」

﹝註9﹞ 曹意強,圖像與語言的轉向——後形式主義、圖像學與符號學,藝術史的視野——圖像研究的理論、方法與意義,中國美術學院出版社,2007:418。

的表現程式。古埃及的正面律，就是指在表現人物時，肩爲正面，腰部以下爲正側面，頭部爲正側面，眼爲正面，（圖 7-1-3）與秦漢時期平面人物表現的各部位配置方式有著極似的表現特徵，另外，在美索不達米亞早期藝術中這種藝術表現方式也屢見不鮮。（圖 7-1-4）這種典型的人物組合方式，早在五千年之前的古埃及和西亞就已定型，「並且保持了大約三千年基本未變」〔註 10〕，可見，這種將人物典型局部配置成整體的組合造型風格，是早期人類所共有的視覺表現手段。

圖 7-1-3　　《奧西里斯像》

古埃及墓室壁畫，源自：〔美〕時代──生活圖書公司，轟仁海、郭暉譯，尼羅河兩岸──古埃及，山東畫報出版社、中國建築工業出版社，2001：70。

〔註10〕山西省考古研究所、太原市文物考古研究所、太原市晉源區文物旅遊局，太原虞弘墓，文物出版社，2005：196。

圖 7-1-4　烏爾王陵的《拉驢車》淺浮雕

美索不達米亞早王朝三期（約西元前 2500 年～2350 年）。

　　秦漢時期的畫家在作畫時，並不將人體作爲一個整體來看待，往往以「記憶」方式將整體人物的組成部分：臉、肩、軀幹、四肢，分別組合成一體，這種組合從人體結構而言，是一種無關聯的無機組合形式。人體的各個部分可隨意拼湊、組合，組合原則與人體本身無關，主要是形成具有象徵性的指意性人物圖形。例如，湖南省博物館所藏的戰國帛畫《龍鳳仕女圖》中，人物的組成分爲三段，正側面的頭部、寬袖及手、形似船型的曳地長裙；（圖 7-1-5）再如，山東嘉祥出土的東漢《孔子見老子畫像》中，正側面的臉部與正面的軀幹，生硬的組合成一體，（圖 7-1-6）圖像中的人物其實是代表了相似的同一類人物。

　　由於這種剪影式的輪廓線〔註 11〕表現手法，對人體結構表現具有一定的局限性，使得漢畫像石中所制人物的體癥結構體現的並不明確。即便是在平面表象上，剪影式造型在表現人物的結構也會被其所穿服飾所掩蓋，從而不能明確顯現出來。還有更重要的一點，秦漢之際，藝術家受到當時對平面造型的空間、體積的表現手段的局限，還無法利用線條來具體描寫人體的具體結構特徵。所以，在現已發現的漢畫像石中，所看到的人物造型都是以人物的服飾、頭冠來確定並分出類型式概念化人物造型。以至於才會出現，不同

〔註 11〕〔美〕方聞、李維琨譯，心印——中國書畫風格與結構分析研究，陝西人民美術出版社，2006：12。

地區的畫像石人物的體徵基本相同的現象，這一點，可在很多不同地點的畫像石的同一類人物的造型極其相似的現象得以證明。可以想見，這種現象除了粉本流傳的作用外，就是這一時期人們對人物造型的結構理解及表現能力的匱乏所致。

圖 7-1-5　《龍鳳仕女圖》局部

戰國，湖南省博物館藏，源自：洪再新，中國美術史圖像手冊——繪畫卷，中國美術學院出版社，2005：9。

圖 7-1-6　山東嘉祥東漢武氏祠前《朝拜圖》畫像石刻

源自：中國畫像石全集，第 2 輯：92。

在漢畫像石人物造型的整體統一性表現是經過畫家對概括形式的程式化整理、歸納而形成。從大部分漢畫像中，我們可以看出，圖像中人物的身份或造型的大小都有所不同，但卻有一個共同的形式特點，就是所有的人物造型形式都以幾何形狀爲基本組合雛形。以山東嘉祥東漢武氏祠前《朝拜圖》爲例，圖像中的人物組合外形，都呈幾何化形式，這些幾何形狀基本歸納爲三種：長方形（直線）、圓形、三角形。（圖 7-1-7）雖然這種幾何形式增加了畫面的裝飾性及整體性，但是，人體結構卻基本被概念化的外形所掩蓋，人體的突出骨點體現不明顯。《朝拜圖》中人物的肩部作弧線下滑，看不出肩部在衣服當中人體骨點的撐起位置，即便是《右側人物聳起的肩部也與人體正常結構不符。當人體將手臂平伸時，上部也會在衣袖表面撐起兩節狀弧度，而右側平伸握刀者，其手臂上部呈一條直線。這些由於對人體結構線缺乏理解和表現的現象幾乎在所有漢畫像石中都可看出，即使在墓室壁畫中也多有表現。（圖 7-1-8）

這種幾何歸納形式是直接來源於人類早期，建立人爲秩序的過程之中，在早期人類的藝術活動中，人爲（圖形）形式的幾何化越高，就與混沌形式的區別越鮮明，人的自我意識也就會愈加得到自足，而作爲幾何形式的兩種絕對形態——方與圓，是早期人類初建視覺秩序的標誌之一。這是人類對於視覺形式的自覺性發展，也是人類對於形式的一種純粹自律性感知，就此點而言，李澤厚先生的「積澱說」〔註12〕可能就無法對其作以解釋了。

人體是一個相對複雜的綜合體，對於早期畫家來說，其微妙、複雜的變化是非常難以把握，而將人體的各部分組合分別投射到平面之上，就會形成相對簡單的類幾何形狀，以這些相對容易把握的形狀組合成的人形，即符合了人體的基本結構，又符合平面表現的整體關係。

〔註12〕李澤厚先生的「積澱說」的主要意思是指，形式的產生是以內容爲前提，其內容（意義）積澱（溶化）在形式當中，美的形式如果離開內容就不是美了。李澤厚，美的歷程，文物出版社，1981：27。

圖 7-1-7　山東嘉祥東漢武氏祠前《朝拜圖》畫像石幾何形組合
示意圖

圖 7-1-8　《弟子圖》局部

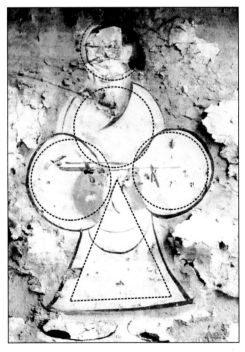

楊橋畔東漢墓（25〜220 年）墓室東壁上層中段，源自：壁上丹青──
陝西省出土壁畫集，（上）：87。

　　漢畫像石中所體現出的括約形表現特徵，並不是藝術家經過研究人體結
構後再經過長期的科學造型訓練後，對筆下的人物造型從新整理歸納所提煉

出的造型形式，它是處於造型初級階段藝術家的直覺性歸納表現。它將所有類似的人形進行分類，並以這類人物造型中的共有特點作為典型性造型呈現出來，以此來代表這一類的所有人物，突出人物的共性表現而忽略個性特徵。這種極具共性的表現帶有明顯的集中性和緻密性，也就是在說，這些幾何形狀圖形具有在平面中很容易將它們與底面區別開來的特性〔註 13〕。並且，這種程式化的表現特點，較易掌握，很容易被畫工所接受，為漢畫的跨地域推廣提供了很好的條件。

關於平面表現的進步，有一點值得特別關注。在西漢的畫像石中，人物臉部均是正面或正側面形式，這是由於在透視表現技法還不成熟的階段，正面和正側面的剪影式圖形較易表現頭部的外形狀態，是最易形成概念化圖形的兩個角度。然而這就使得畫面中的人物彼此之間不能重疊，否則就會使單體人物圖像的個體形式特徵受到損失，由此也就決定了此時的人物圖像，在畫面當中必須採取散點平列排布的方式呈現每一個人物形象。

東漢晚期，由於中央集權的削弱，各地氏族的勢力得以擴張，整個社會結構發生了很大的變化。使得秦漢以來所推崇，已被神化的儒學，逐漸趨於落寞，儒家思想所提倡「成教化，助人倫」的繪畫宣教功能觀念也隨之淡薄。人們已不滿足於千篇一律的呆板繪畫造型，開始關注人性的表達，同時也對繪畫的寫實性提出了更高的要求，同時也就促進了人物表現技法的提升。畫家逐步對之前的以輪廓線勾描人形的簡單技法產生動搖，聽命於純粹的視覺感知來描寫形體〔註 14〕，從現已發現的這一時期人物圖像來看，繪畫中反映現實生活的題材逐步增多，並且在人物形象表現上，已經由概念化平面形式向立體表現邁進。

1956 年江蘇銅山苗山出土的東漢《神農畫像》，人物臉部一改之前的剪影式造型，取而代之的是 45 度角半側面。（圖 7-1-9）1916 年發現於河南洛陽八里臺東漢墓的《上林苑鬥獸圖》，不但臉部是半側面，而且，人物的身體也出現了轉動跡象。（圖 7-1-10）這種看似簡單的變化，標誌著漢末畫家對臉型的透視觀念及對人體結構理解的跨越性轉折。

〔註 13〕〔美〕魯道夫・阿恩海姆，滕守堯、朱疆源譯，藝術與視知覺，四川人民出版社，1998：237。

〔註 14〕〔瑞士〕海因里希・沃爾夫林，藝術風格學，中國人民大學出版社，2004：19。

圖 7-1-9　　《神農畫像》局部

東漢，1956 年江蘇銅山苗山出土，徐州博物館藏，源自：洪再新，中國美術史
圖像手冊——繪畫卷，中國美術學院出版社，2005：19。

圖 7-1-10　　《上林苑鬥獸圖》局部

東漢，磚畫，美國波士頓美術館藏，洪再新，中國美術史圖像手冊——繪畫卷，
中國美術學院出版社，2005：34。

漢末晉初的平面人物造型還屬於概括性的表現形式，在這段時期的繪畫中，剪影式的表現局限性有所變化，雖然對概括性造型形式有所突破，但是，此時的畫家對以線來表現人物造型的體積感和質量感的手段還沒有明確的把握，所以畫家將極大的注意力關注於由線條所規範出的各個形體之間的線性關係之上。例如：長沙楚墓出土的帛畫；江蘇徐州沛縣棲山 2 號墓線刻；（圖 7-1-11）山西離石縣城西南馬茂莊村西山原，14 號東漢墓墓門左右門框石線刻；〔註15〕望都 1 號東漢墓《主薄像》壁畫（圖 7-1-12）等。這些繪畫中人物的形體狀態與漢畫像石的幾何形概念造型相比，它們更加注意內部線形與外形的統一關係。然而在對於人體結構的把握上，不論是較細的線形還是相對較粗的線形，都沒有將表現人體結構的線群明確起來。有學者認爲，望都 1 號東漢墓《主薄像》中，較粗的線是對人體在衣服包裹下的體積形成的陰影的表現。〔註16〕對人體結構所形成的陰影的覺察，本是視覺經驗中之常事，但這一時期的畫家將陰影作平面性的處理，只是屬於一種概念性的記錄行爲，線的粗細變化也只是畫家用筆特點，這與利用陰影來表達物象的立體與人體結構，顯然大有差別。〔註17〕由於傳統儒家觀念的限制，魏晉之前人們對於人體結構的表現研究，還處在迴避狀態，雖然也有半裸的人體圖像，卻可看出並沒有對人體結構明確交代的意圖，如，長沙馬王堆 1 號漢墓出土之 T 形帛畫最下段的托地巨人形象。（圖 7-1-13）及至十六國時期，傳統畫家在表現人體上還處於概念性的畫出四肢軀幹及頭部，敘事性繪畫的觀念使得畫家並沒有將對人體結構深入研究放在主導地位。例如甘肅丁家閘十六國墓壁畫《神猿裸女圖》〔註18〕中的裸女形象，如無女性髮式的特徵，幾乎無法斷定其性別性質及體態特徵。（圖 7-1-14）

通過以上分析可以看出，中國早期人物繪畫一直沿著「記憶」式的概括性塑形方式而發展，並在秦漢之際形成了一種相對固定的概念化（類似符號性質）配置組合的造型程式。但這種由投影邊線所組成的連線，雖然可以基本準確的表現出人物外形輪廓的形體特徵，但卻很難體現出人物現實存在的

〔註15〕山西省考古研究所、呂梁地區文物管理處、離石文物管理所，山西離石再次發現東漢畫像石墓，文物，1996，4：13～27。

〔註16〕Mary H, Fong, "The Technique of 'chiaroscuro' in Chinese Painting from Han Through tang," Artibus Asiae, vol, XXXVIII, 2, 3, 1976, PP. 91～126.

〔註17〕石守謙，風格與世變──中國畫十論，北京大學出版社，2008：31。

〔註18〕袁融主編，中國古代壁畫精華叢書──甘肅丁家閘十六國墓壁畫，重慶出版社，1999：8。

三維狀態，所以，只能是一種概括性線群組合。

圖 7-1-11　徐州沛縣棲山 2 號墓石槨線刻

源自：禮儀中的美術：465。

圖 7-1-12　望都 1 號東漢墓出土《主薄像》壁畫

源自：石守謙，風格與世變-中國畫十論，北京大學出版社，2008：31。

圖 7-1-13　長沙馬王堆 1 號漢墓出土 T 形帛畫，線摹圖局部

圖 7-1-14　　《神猿裸女圖》局部

壁畫，甘肅丁家閘十六國墓出土，源自：袁融主編，中國古代壁畫精華
叢書-甘肅丁家閘十六國墓壁畫，重慶出版社：8。

二、陰影的影射

　　魏晉南北朝時期，出現了三個對繪畫產生巨大影響的社會性因素，首先，
東晉元興二年（404 年），桓玄〔註19〕下令以紙代簡，至此，紙張便成爲中國
繪畫的主要材料之一，由於紙張的平整度較高，成本也比絹要低的多，推動
了繪畫在整個社會上的普及。並且，由於紙張易裁剪和易連接的特性，中國
繪畫所特有的手卷、立軸形式，在此時也應運而生〔註 20〕。其二，魏晉時期
出現了專業的士大大畫家，他們的整體文化素養和身份地位要遠高於一般的
畫工，從心理上對秦漢以來的較爲呆板統一的繪畫造型形式有著強烈的牴觸
情緒，於是他們便在傳統繪畫中加入了各具表現的個性化因素，同時也就推
動了繪畫表現技巧的提高。另外，外來藝術在此時與本土藝術產生了強烈的
碰撞，使得本土畫家不得不對自己習以爲常的造型方式進行重新審視。

　　在以上三個因素當中，對繪畫本體影響最大的非印度佛畫莫屬，雖然佛
教在漢初即已進入中國，但是並未對中國傳統巫術及天地君親師在人們心中

〔註19〕桓玄（369 年～404 年），字敬道，一名靈寶，晉時譙國龍亢（今安徽省懷遠
　　　　縣西龍亢鎮北）人，漢族，東晉末期桓楚國建立者。
〔註20〕張鵬川，中國古代人物畫構圖模式的發展演變──兼議〈韓熙載夜宴圖〉的
　　　　製作年代，南京藝術學院學報，2007，3：24。

的地位產生衝擊，佛教形象只是作為眾神之一員的形式出現〔註21〕，這一點可以在漢畫像石所刻的人物形象中得以印證〔註22〕。佛教之所以能在中國傳佈，一是在於初期人們把它當作一方神怪，二是，佛教在宗教的意義上的許多觀念與中國傳統儒、道、釋相契合。

秦漢時期的中國人物畫是本土畫家在相對封閉的狀態下隨慣性而發展，它是中國人物畫的傳統根基，其後的演變都是以此為軸心向外延展。進入魏晉南北朝，佛教在中國逐步勢大，由西域傳來的佛教藝術，在此時對中國的傳統造型藝術產生了巨大影響，中國繪畫與之前的本土造型觀念形成了天壤之別的差異，在此之後的中國繪畫藝術無不受此影響。

魏晉伊始，中國經歷了三百多年的動盪時期，各地區人民被迫大量遷徙，由此也形成了南北藝術的交融。在此期間，通過西域傳來的印度佛教藝術與中國本土的北方長安藝術、南方的建安藝術並存，從而形成了南北朝時期本土線形繪畫與西來體積表現風格雜交狀態。這種看似混亂的狀況，卻對唐代人物畫的精進產生了極其強大的推進作用，這種中外藝術觀念相碰撞促成了中國平面藝術風格的巨大轉變。

印度藝術來源於古希臘、古羅馬藝術〔註23〕，古希臘發達的哲學、美學和嚴謹科學的藝術法則為古羅馬藝術乃至以後的整個歐洲藝術奠定了基礎。注重現實真實的再現，人物的體積、結構、比例都以現實為準則，其藝術追求理性之美。（圖7-1-15）這種關注真實的體積表現觀念，傳入印度後，加入了大量的體現印度本體藝術傳統裝飾韻味和佛教所指的特點，形成了既有印度傳統裝飾線形的表現，又有引進希臘藝術體積表現觀念形成的暈染表達方式。（圖7-1-16）

印度佛畫的造型基礎原理主要是借鑒古希臘等地的傳統西方繪畫原則，西畫的物體體積形象塑造主要是以陰影來表現出來〔註24〕。佛教繪畫進入中國初期，當熟悉了線性繪畫造型的人們，在看到第一幅暈染畫法的繪畫時，

〔註21〕 張強，中國人物畫學，河北美術出版社，2005：136。

〔註22〕 漢畫像石中所刻的人物形象多為《水經注》中神怪及現實社會人物，極少出現佛教形象。

〔註23〕 公元前326年左右，印度被馬其頓亞歷山大帝國及巴克特里亞王國所統治達130多年。所以，印度藝術深受希臘、羅馬藝術的影響，並以其為基礎結合印度本土藝術在公元2～3世紀的貴霜帝國時期，形成了犍陀羅藝術風格。

〔註24〕 戴勉譯，芬奇論繪畫，人民美術出版社，1979：15。

可以想見，這種「立體」的造型在視覺上會產生多麼大的衝擊。人們會對如此「眞實」的繪畫感到震驚，也必然會促進本土畫家對傳統的造型觀念進行反思。

圖 7-1-15　《赫爾墨斯雕像》

約西元前 200 年～前 100 年，現藏於首都博物館，羅伯特・高爾夫・埃斯卡捐贈。

圖 7-1-16　《天女散花》局部

西元 5 世紀，獅子岩（西基利亞山，今斯里蘭卡），源自：王琳，印度藝術，河北教育出版社，2003：68。

蘇瑩輝先生在《敦煌及施奇利亞所用凸凹畫法源於印度論》一文中認爲，這些源於印度傳統的佛畫，由中亞畫家經西域直接引進中國。〔註25〕除了人物形象、姿態、服飾與中國本土人士不同之外，在繪畫技法上，與本土繪畫也存在著明顯的不同。最值得注意的是在對人體體積感的處理上的差異。在敦煌莫高窟272（圖7-1-17）、275窟（圖1-1-18）北涼壁畫及莫高窟249窟窟頂北披（圖7-1-19）西魏壁畫的人物描繪方式中，可以看出這種外來造型技法的基本特性。畫家以較寬的色帶畫出人體的胸、腹、臂的體積，明顯可看出，他們是用這種色帶來表現光線照射下，人體所呈現的轉折部位的陰影部位，以此來體現人體的體積結構關係，這些特徵都顯示出與中國本土傳統風格繪畫截然不同表現觀念。

我們將這兩種完全不同的造型方式進行對比，會發現，除了對人體結構的表現不同外，還有著一個相通的部分。在畫面中梵畫的色帶與本土的線條在形式表現上有著幾乎相同的秩序性。當我們將印度佛畫、色帶式梵畫及傳統中式線形繪畫同時對比，上文中蘇瑩輝先生所說的「直接」引進之說法就值得商榷了。

圖7-1-17　甘肅敦煌莫高窟272窟北涼壁畫局部

〔註25〕蘇瑩輝，敦煌及施奇利亞所用凸凹畫法源於印度論，故宮季刊，1970，4：13～18。

圖 7-1-18　甘肅敦煌莫高窟 275 窟北涼壁畫局部

圖 7-1-19　敦煌莫高窟 276 窟 249 窟窟頂北披局部

西魏，源自：洪再新，中國美術史圖像手冊——繪畫卷，中國美術學院
出版社，2005：70。

　　在西域地區發現的佛教壁畫顯示，早期西域藝術受印度影響，並與其有
著同步發展的現象，魏晉早期的樓蘭鄯善藝術，不論人物造型形式和暈染技
法都與印度同時期繪畫如出一轍。如，米蘭 M.III 佛寺出土的有翼天使壁畫；
（圖 7-1-20-A）釋夢圖壁畫；（圖 7-1-20-B）少女圖壁畫（圖 7-1-20-C）等。

均顯示了印度暈染技法的特徵。

圖 7-1-20　新疆克孜爾壁畫

A、迦葉頭像；B、摩羅國諸侯頭像；C、第 77 窟的《金剛說法圖》局部；
D、80 洞正壁《說法圖》局部；E、38 窟《國王圖》壁畫局部；F、83
窟主室正壁的《優陀羨王緣圖》局部；G、第 8 窟《伎樂飛天圖》局部。

此外，在新疆克孜爾地區出土的壁畫顯示，印度的暈染畫法與中國本土的線形畫法在這一地區的融合跡象軌跡，形成了既有暈染「立體」效果又有線形表達的色帶造型形式。如：暈染畫法明顯的迦葉頭像；（圖 7-1-20-A）摩羅國諸侯頭像（圖 7-1-20-B）；第 77 窟的《金剛說法圖》（圖 7-1-20-C）等。中印逐步結合的克孜爾石窟 80 洞正壁《說法圖》，人物線形形式突出但腿部還有明顯的暈染效果（圖 7-1-20-D）。在克孜爾 38 窟（國王圖）壁畫中可以看出這種交融的現象雛形，畫中的線與表現陰影的色帶還是分離的，還沒有形成統一色條。（圖 7-1-20-7-E）而在第 83 窟主室正壁的《優陀羨王緣圖》（圖 7-1-20-F）及第 8 窟《伎樂飛天圖》中，色帶現象已初步成形。（圖 7-1-20-G）

在魏晉克孜爾壁畫中還保留著一些暈染漸變的效果，而在敦煌魏晉壁畫中已經很少見到這種漸變的處理方法，可見這些繪製敦煌壁畫的畫家並不是中亞畫家，顯然是中國本土畫家。這種現象也顯示出，中國本土畫家在接觸這種印度傳來陌生的平面「立體」表現形式，在不能完全理解其構成觀念的處境下，只能以慣用的線形表達形式來模仿這種「立體」結構圖像。以至形成了以加寬線條的方法，來機械的模擬表現人體結構暈染效果的概念化表現形式。這種方法經過一定時期固化，[註26] 形成了如敦煌魏晉壁畫的徒具形式的色帶技法程式。（圖 7-1-21）這種演變的基本流程如下：

印度佛畫　→　西域梵畫　→　敦煌壁畫
暈染體積畫法　→　中印結合　→　概念化色帶程式

圖 7-1-21　印度佛畫向色帶程式轉化例證

魏晉南北朝後期，經過較長一段時間的本土線繪於暈染畫法的共處交融，中國本土畫家對於暈染畫法的陰影表現手法逐步瞭解，中國畫家在接受了印度佛畫的色暈技法的同時，增加了對人體體積表現的認識上的提升。據《建康實錄》載，疏體畫風的代表人物張僧繇，在南京附近的一乘寺繪製壁

〔註26〕石守謙，風格與世變──中國畫十論，北京大學出版社，2008：34。

畫時，以外來的西域技法作畫：

> 其花乃天竺遺法，朱及青綠所成，遠望眼暈如凹凸，就視即平。

〔註27〕

從中可知，疏體畫風中已借鑒了印度暈染畫法的講求以明暗烘托所造就的「立體」效果。北周李賢墓墓室壁畫的人物畫，以較粗的鐵線描均勻勾勒出人物形象，用筆簡練，是典型的疏體畫風，臉部用赭色暈染出凸凹效果，明顯帶有西域畫風的特點。（圖 7-1-22）

圖 7-1-22　北周李賢墓墓室壁畫局部

源自：寧夏回族自治區固原博物館，原州古墓集成，文物出版社，1999：
圖版 50。

於此同時，一部分本土畫家對於傳統概念性線畫在表現人體結構和體積的缺陷，有了基本清晰的認識。他們將關注點放在繪畫線群的組織關係如何能體現出人物的結構與客觀視覺感受上的統一性。由此，畫家認識到傳統線形在人物結構表達上的缺陷性，並企圖以線的形式來代替佛畫中體現人體體積感的陰影表現手段。這些都源於被印度佛畫所喚起的對現實物象視覺眞實性體驗，畫家的主導思想在這一時期發生了變化，受到視覺眞實感的驅使，

〔註27〕〔唐〕許嵩撰，建康實錄，卷十七。

他們力圖在線形繪畫中突破二維空間限制，〔註28〕達到以線代體的立體性空間效果。例如北魏神王石碑碑座《禮佛圖》線刻中的人物在肩部骨點處的線條較方、硬，而衣服其他部位線形相較軟鬆；（圖 7-1-23）寧懋石室中的墓主寧懋回首像中的肩部，（圖 7-1-24）明顯看出突出骨點的意識；而在升仙石棺的男女升仙線刻〔註29〕中人體的表現則更加突出，顯然這些現象較之前的概念化服飾處理明顯增加了主動體現人體結構的觀念。

圖 7-1-23　北魏，神王石碑碑座《禮佛圖》線刻局部

〔註28〕　參見：Wan Fong "Ao-t'u-hua or 'Reoeding-and-protruding Painting' at Tun-huang"，臺灣中央研究院國際漢學會議論文集編輯委員會編，國際漢學會議論文集，臺北市中央研究院，1981 年（民 70 年）：73～94。
〔註29〕　中國畫像石全集，河南美術出版社，2000：44、46。

圖 7-1-24　寧懋石室（527 年）墓主像

三、結構線群的凸顯

1、結構性線群的顯現

　　經過漢末晉初時期本土線描與凸凹畫法的交匯，魏晉畫家已對印度佛畫的造型結構觀念有了相當的瞭解，然而，爲什麼中國畫家並沒有對傳統的線形意識產生動搖呢？除了固有的文化、哲學影響及線形繪畫的無窮意象變化一直導引著中國畫家的精神世界之外，中國傳統的視覺選擇性特性也限制了人物繪畫向西式體積表現繪畫轉型的可能性。因爲繪畫語彙是依賴於社會語境而存在〔註30〕，中國式「遊觀」的構圖方法並不注重畫面範圍內的固定視點，這種觀察方式並沒有再現性視覺因素所要求的統一的空間、體積、透視等畫面構圖要求。中國「遊觀」式的構圖形式具有強大的內容包容性，不同場景、不同時間的事物都可以放入同一畫面之內，所以，畫家必須沿用這種以線造型的形式來統一整體畫面形式，否則，畫家就不得不放棄這種習慣了的觀察方式以及支持它們的傳統文化、哲學的背景觀念，顯然，這種放棄是不可能的，也不可能被傳統社會所接受。

　　因此，中國本土畫家就必須在意象線形與結構體現這兩者看似衝突的表現形式上進行融合性探索，畫史中所載初唐靳智翼的「變夷爲夏」便是這種嘗試的具體表現。另外，中國本土藝術家之所以能夠很快的接受佛畫的形式原則，與兩者之間基礎繪畫理論的相互接納有著很大的關係。中國早期的典型繪畫理論「六法」與印度傳統繪畫的金科玉律法「六支」〔註31〕有著明顯的相通性。

〔註30〕張強，中國人物畫學，河南美術出版社，2005：143。

〔註31〕金克木先生依據印度孟加拉畫派的主要畫家阿巴寧德羅那特‧泰戈爾（1871～1951年）1942年在《國際大學季刊》（Visva-Bharati Quarterly）中的《阿‧泰戈爾專號》（印度）中的解釋，對《欲經》中「六支」原文按照中國詩文節律翻譯成中文，其文如下：「形別與諸量，情與美相應。似與筆墨分，是謂藝六支，」金克木，印度文化論集，中國社會科學出版社，1983：202，分屬於不同地域的「六支」與「六法」有著如此密切的聯繫，必然有其合理的關聯原因。印度與中國早在漢代便多有交往，而佛教的傳入則將印度的藝術也隨之帶入，魏晉伊始，佛教在中國興盛，大批天竺僧人及佛教畫家進入中國。姚最及張彥遠在《續畫品》和《歷代名畫記》中即列舉了數位天竺畫家在中國進行創作，是以，中國傳統藝術強烈的受到印度造型形式及藝術觀念的影響，由於印中交通的暢通，這種影響是相互的，關於「六支」及「六法」理論的產生，筆者認爲，最爲合理的解釋應是在這種兩地藝術相互影響的同時，在各自民族藝術觀念的基礎上，同時形成的共通性繪畫藝術理念。

　　由於地域的不同，繪畫的演進也是不同步的，在魏晉南北朝期間的人物畫遺存中，可以看到暈染畫法與傳統線形繪畫並存的現象。兩個地域文明的交匯都是有其逐步演進的過程，從西亞傳來的佛畫在盛行於中原之前，經歷了新疆、甘肅等地的融化，至中原時，已經與中國本土繪畫的基本形式趨同。與此同時，中國傳統的繪畫技法也從中原沿著同樣的路線向西傳播，兩者即是在這種相互作用的狀態下逐漸貫融同一，這條傳播線路即是有漢以來始漸開通的「絲綢之路」。

　　「絲綢之路」是德國地理學家李希霍芬（Richthofen，Ferdinand von，1833～1905 年）爲漢唐期間連接中、歐之間的經濟、文化、政治大通道而命名。「陸上絲綢之路」是連接中國腹地與歐洲諸地的主要商業貿易通道，大約形成於公元前 2 世紀與 1 世紀間，直至 16 世紀仍然在使用，它是一條東方與西方之間經濟、政治、文化交流的主要道路。它以長安爲起點，經河西走廊到敦煌，從敦煌起分爲南北兩路：南路從敦煌經樓蘭、于闐、莎車，穿越蔥嶺今帕米爾到大月氏、安息，往西到達條支、大秦；北路從敦煌到交河、龜茲、疏勒，穿越蔥嶺到大宛，往西經安息到達大秦。

　　春秋末期，中國絲綢已經通過絲路出現在希臘上層社會的華服之上，〔註32〕在斯圖加特市西北的一座公元前五世紀的凱爾特人墓葬也發現了中國的蠶絲繡品。〔註33〕輕盈鮮亮、薄如蟬翼的絲綢，在那個年代是東方帝國獨有的珍貴物品，對羅馬、波斯、大食等國的人們充滿了誘惑，至今阿拉伯等地區的婦女依然保留著以輕薄絲綢作爲頭巾的習慣。正是這種需求，促使身處地球兩端的古代文明，將這條漫長的絲路，推向了極致。

　　佛教即是借助了這條貿易道途而東傳，而那些分佈在沙漠戈壁中的國邦，起到了重要的鏈接和推動作用。距離漢長安城 3600 公里，塔克拉瑪干南端的沙漠綠洲小國于闐，相對比較特殊，它既是東西貿易的中轉站，同時也是佛教東傳的重要啓動地。佛教在公元前 6 世紀左右產生於印度，公元前 3 世紀中葉開始廣泛傳播。在印度孔雀王朝阿育王的支持下，逐漸向印度北部、阿富汗、克什米爾及中亞等地區傳播，隨即進入我國新疆，使于闐逐漸成爲我國西北佛教的中心。而隨佛教教義一同傳入的佛教繪畫則在于闐完成了第一次中西繪畫觀念的碰撞，形成了深遠影響我國乃至東亞造型藝術的「于闐

〔註32〕石雲濤，漢唐間絲綢之路起點的變遷，中州學刊，2008，1：184。
〔註33〕杜石然等，中國科學技術史稿，上冊，科學出版社，1982：229。

畫派」。

　　上世紀初以來，沿達瑪溝水系發現了老達瑪溝、喀拉沁等眾多佛教遺址，其中的佛教壁畫為我們顯示了我國早期佛教的輝煌。我們今天所見的壁畫只是于闐繪畫的殘存之一，由於于闐畫派的作品大多是佛寺壁畫，隨著寺廟建築倒塌、戰爭的破壞，這些畫作逐漸失落在歷史長河之中。「于闐畫派」有著明顯的地域特徵，畫中人物豐滿而柔和，大都用鐵紅色由外向內暈染，來表現身體的圓潤、肌膚的彈性；以礦物質顏料，層層堆積由淺至深，來表現人體的立體感。（圖 7-1-25）同時在壁畫中還發現的著褒衣博帶服飾的供養人形象，帶有典型的中原線性繪畫的特徵，可見，西亞立體繪畫技法在新疆的傳播當中，同時也受到中國傳統繪畫的影響。

圖 7-1-25　克孜爾新 1 窟後甬道頂「散花天女」局部

源自：洪再新，中國美術史圖像手冊——繪畫卷，中國美術學院出版社，
2005：62。

　　例如，新疆克孜爾第 205 窟出土的隋代《國王與王后、大臣的半身像》壁畫，就是典型的暈染畫法，（圖 7-1-26）即顯示出在藝術變革期間雜存共生的典型狀態。此外，隋代還出現了明顯帶有凸凹畫法的演化形式，排除線條及呆板色帶表現形式，以單色暈分層表現人體體積結構的類似「沒骨」式〔註 34〕的表現方法，從敦煌莫高窟 304 窟洞頂《羅漢頭像》（圖 7-1-27）中

〔註 34〕石守謙，風格與世變——中國畫十論，北京大學出版社，2008：41～42。

就可以看出，當時的畫家對體積表現已有了相當大的提升，這種方法應該是形成其後中國繪畫的墨暈式技法的源頭。〔註35〕

圖 7-1-26 《國王與王后、大臣的半身像》

隋代，現藏於德國柏林印度美術館，源自：劉樺、金濤編，中國人物畫全集，京華出版社，2001：34。

圖 7-1-27 敦煌莫高窟 304 窟洞頂《羅漢頭像》局部

源自：石守謙，風格與世變-中國畫十論，北京大學出版社，2008：41。

除了以暈染表現體積的形式之外，結構性質的線描，在隋代也有了基礎

〔註35〕石守謙，風格與世變──中國畫十論，北京大學出版社，2008：41～43。

的表現，據石守謙先生研究，敦煌莫高窟 276 窟西壁的隋代直立《文殊菩薩像》（圖 7-1-28）：

> 姿勢變化的微妙豐富，還超出其他較早的立姿人像。由其頭部
> 的前傾，上半身的斜側，腹腰的微凸，到雙腳的穩立，全身呈示了
> 一個不受壁畫平面拘束的微妙連續曲線。〔註36〕

這種以線的轉折穿插所形成的不受平面拘束的現象，其實就是畫家利用結構線形在平面造型中取代了「陰影」表現方法，通過線群描出的人體體積感的視覺幻象。

圖 7-1-28　敦煌莫高窟 276 窟西壁《文殊菩薩像》局部

源自：風格與世變——中國畫十論：41。

從這一時期的中外相互交織狀態的過程中，顯然可以看出，經過長期滲化交融，中國本土畫家已對源自印度的色暈畫法及體積觀念已經有了非常深入的瞭解。

〔註36〕石守謙，風格與世變——中國畫十論，北京大學出版社，2008：42。

2、畫史中的隋代初唐人物畫

魏晉南北朝時期，南北方的文化交流促使南朝建安文化對北方長安繪畫藝術產生巨大影響，並形成多元化繪畫風格同時並進、融合，同時，由西域傳入的印度佛畫風格在中國本土藝術中逐步得以顯現。隋代統一之後，結束了三國兩晉南北朝長達三百多年的紛亂動盪，長安吸引了南北方各地的繪畫名家，來爲皇家貴族服務，形成了有史以來空前壯大的畫家群體，各種畫風在此競相爭豔互爲影響。唐代人物繪畫就是在這樣的多元化格局中漸漸融合演進，現已發現的絕大部分唐代墓室人物壁畫，既是將魏晉南北朝時期的北方「長安模式」、南方「建安模式」與西來佛畫的造型程式逐步融合而成，是中國歷史上第一次南北相融的新「長安程式」。這一時期，印度佛畫風格與褒衣博帶式的漢化風格和後期的疏體畫風交相柔雜，並存於世，唐代人物畫的風格特徵就來源於這些因素。這種多元的狀況在張彥遠《歷代名畫記》中得以證實：

> 上古之畫，跡簡意澹而雅正，顧、陸之流也。近代之畫，煥爛
> 而求備；今人之畫，錯亂而無旨，眾工之跡是也。〔註37〕

隋代初唐之際，中國結束了長達三百多年的分裂動盪，社會的穩定也給繪畫藝術帶來的長足發展的平穩基礎。這一時期對於中國人物畫的發展至關重要，是中國人物畫繼漢代之後又一高峰的開端，並成爲魏晉南北朝向唐代藝術風格過渡的一座橋樑〔註38〕。由於繪畫的主要消費貴族大多集中於京都，以至幾乎所有知名畫家在此時都匯聚於長安城。隋代大興土木，僅在《歷代名畫記》中就記錄了隋代展子虔、李雅、鄭法士、董伯仁、鄭德文、楊契丹、江志、陳善見、孫尚子、曇摩拙義等人集居大興城圖繪壁畫。另外，隋煬帝喜好書畫，這也是吸引繪畫高手來長安的一個重要原因，據《隋書》載：

> （隋煬帝）聚魏已來古蹟名畫，與殿後起二臺，東曰妙楷臺，
> 藏古蹟，西曰寶跡臺，藏古畫。〔註39〕

初唐畫家與隋代一樣，也大多活動於長安，其中的代表是尉遲乙僧、張孝師、何長壽、靳智異、范長壽、尹琳和閻立德、閻立本兄弟等。眾多不同畫風的畫家彙集一地，爲形成基本統一的唐代畫風提供了堅實的基礎。

從畫史上的記載來看，初唐人物畫畫風基本可劃分爲西域風格、南朝風

〔註37〕張彥遠，歷代名畫記，卷一，論畫六法。
〔註38〕王伯敏，中國繪畫史，文化藝術出版社，2009：104。
〔註39〕隋書，卷三十二，志。

格和北齊風格。

　　西域傳來的新畫風以強勁之勢傳入中原，至隋唐已臻於極盛之境，以至諸畫派亦莫不與西來之胡風有若干聯繫。僧人畫家曇摩拙義，隋文帝時自天竺入天朝，〔註40〕康國畫家康薩陁唐初寄居長安，〔註41〕尉遲跋質那和尉遲乙僧是直接由于闐進入中原的畫家〔註42〕，靳智翼則是在繼承北齊曹仲達風格的基礎上進行了中式變革的畫家，嚴悰評其曰：

　　　　　祖述曹公〔註43〕，張改琴瑟，變夷爲夏，肇自斯人〔註44〕。

　　雖然西域風格的人物畫在當時具有一定的市場，但在此階段的畫壇中起著主流作用的還是以南朝畫風和北齊畫風。南朝畫風既是張僧繇的疏體風格，鄭法士與孫尙子「共師於張〔註45〕」，孫尙子還習顧愷之、陸探微，范壽〔註46〕、何長壽亦師張僧繇。張孝師善畫釋道人物，吳道子曾效法其畫，按理應爲疏體畫風。展子虔與董伯仁分別從南陳和北周一同被隋文帝召入，兩人初至長安，彼此頗爲相輕，經過一段時間的相互交流，使董伯仁「頗採其（展）意」〔註47〕。董伯仁初爲南朝畫風與展子虔分屬南北〔註48〕，展子虔則是典型的北齊畫風，但後來「動筆形似」〔註49〕、「董、展同品」〔註50〕。隋初統一之時，南北畫風，各具風貌，各有所長，經過相互交流、影響遂成長安畫派的雛形。

〔註40〕〔唐〕張彥遠，俞建華注，歷代名畫記，上海人民美術出版社，1964：160。
〔註41〕向達，唐代長安與西域文明，第17節，西域傳來之畫派與樂舞，三聯書店，1957，桑原氏謂薩陁當係康國人，向達先生從「康薩陁」的發音考證桑原氏之語不拗。
〔註42〕尉遲乙僧，于闐（今新疆和田）人，著名畫家尉遲跋質那之子，世稱其父爲「大尉遲」，子爲「小尉遲」，生卒年不詳，乙僧好學典藝，博達技能，畫承家學，二十歲左右畫已出名，唐貞觀六年（632年）于闐王因其「丹青奇妙」薦送長安，太宗（627～649在位）授宿衛官，後又襲封爲郡公。
〔註43〕何志明、潘運告先生在《唐五代畫論》中所譯「曹公」爲曹不興，但與」變夷爲夏」相聯繫，其解釋應是有誤。
〔註44〕嚴悰，後畫錄，靳智翼，唐五代畫論，湖北美術出版社，2006：3。
〔註45〕張彥遠，歷代名畫記，卷八，隋。
〔註46〕《後畫錄》作「唐武騎尉范壽」，《歷代名畫記》作「范長壽」。
〔註47〕張彥遠，歷代名畫記，卷八，隋。
〔註48〕張彥遠，歷代名畫記，卷八，隋：「初董與展同召入隋室，一自河北，一自江南，初則見輕，後乃頗採其意。」
〔註49〕張彥遠，歷代名畫記，卷八，隋。
〔註50〕李嗣眞，畫後品，展子虔，唐五代畫論，湖北美術出版社，2006：30。

3、初唐結構性線群

對於唐初繪畫，大部分學者都以閻立本所代表的中原畫風和尉遲乙僧爲代表的西域畫風來分割初唐的畫壇。〔註51〕以閻立本爲代表的初唐本土畫風，無論從人物造型還是線群的秩序，都具有典型的本土特點，張彥遠稱其畫：

> 六法具備，萬象不失。〔註52〕

李嗣眞謂其畫：

> 象人之妙，號爲中興。〔註53〕

貞觀初于闐國王推薦尉遲乙僧來華，而其父尉遲跋質已在隋時就已進入中原，兩人均善佛畫，世稱「大尉遲」、「小尉遲」。尉遲乙僧的繪畫與中國本土畫風截然不同，應是以希臘化印度暈染畫法所影響的西域畫法，（圖 7-1-29）朱景玄在《唐朝名畫錄》中將尉遲乙僧與閻立本的繪畫進行對比，並說：

> （尉遲乙僧）皆是外國之物象，非中華之威儀。

> （閻立本）畫外國之人，未盡其妙。

圖 7-1-29　庫木吐喇谷口區第 21 窟窟頂壁畫局部

源自：洪再新，中國美術史圖像手冊——繪畫卷，中國美術學院出版社，2005：139。

〔註51〕李星明，唐代墓室壁畫研究，陝西人民美術出版社，2005：242。
〔註52〕張彥遠，歷代名畫記，卷二，敘師資傳授南北朝時代。
〔註53〕張彥遠，歷代名畫記，卷九，唐朝上。

　　根據以上文字，兩者之間的特徵差異相當明顯。成於貞觀五年（631 年）的李壽墓石槨侍女線刻（圖 7-1-30）和墓室壁畫中的侍女形象（圖 7-1-31）顯然出於同一套樣稿，從人物的造型和形式風格來看，基本延續了南北朝和隋代秀骨清像的表現特徵。概念化的人體表現觀念依然明顯式，從其人物形體特徵所反映出的圖像信息，還可以看出漢魏以來的窄長、無明顯凸凹感的女性傳統性審美特徵。從繪畫形式表現上來看，敦煌莫高窟隋代第 62 窟壁畫供養人像、（圖 7-1-32）隋開皇十一年（591 年）盧誼兄弟造像石上的供養人像（圖 7-1-33）和陝西禮泉縣出土的初唐楊溫墓墓室東壁壁畫的侍女，與李壽墓同屬於相同的形式風格。人物的結構細部被簡化表現的非常薄弱，人體特有的曲線被直筒式造型所掩蓋。可見在初唐時期，概念性表達傳統依然盛行。這些現象還可以在傳爲閻立本所繪《步輦圖》中侍女的造型形式得以體現。

　　畫史記載閻立本「雖師於鄭法士，實亦過之」。他長於人物肖像畫，由於他歷時三朝，官居極品，他的繪畫自然與唐王朝的政治需要與藝術主張相符。總的來講，魏晉士人和高逸雖然把中國畫的創作精神提高到了「得意忘象」的認識上，但時至隋唐之際，作爲政治與宗教的大量繪畫作品，不能不在「狀物描形」之中尋求新的法度與新的技巧。人物畫的創作尤其體現了這一點。閻立本的創作，主要是適應皇帝以及王公貴族們的審美趣味和眼光的。另一方面，他還要顧及當時所普遍認同的「像人」之準則。只有這樣，他的作品才能遵照禮儀法度的規則而受到承認。加之他的作品有不少是奉命而作的紀實性肖像與以重大的事件爲題材的記錄性作品，因此一般意義上的「肖形」雖然重要，但是由魏晉以來長期形成的形式表現觀念，又使其必須按以往的繪畫程式進行處理，因而初唐時期人物畫中所表現出的形式風格，大多還延續著魏晉南北朝匠作的概念化造型手法與精謹的程式化描繪技巧。

　　與李壽墓相差 31 年的鄭仁泰墓石槨人物線刻，雖然同屬於初唐，但其人物造型形式卻大有不同，與李壽墓石槨人物相比，人物已不再呆板僵化，面部飽和豐滿，面相形似佛畫中形象，身體已有明顯起伏變化，畫家顯然是受到西式體量觀念的影響，關注到了體積結構在人物造型中的表現，其形式風格顯見與秀骨清像的概念化造型形式不同。在鄭仁泰墓石槨上出現的這種與傳統風格相異的現象，應該就是尉遲乙僧所代表的西域畫風的顯現。（圖 7-1-34）

圖 7-1-30　李壽墓石槨內壁東向西間壁板線刻

李杰摹

圖 7-1-31　李壽墓壁畫樂舞圖局部

源自：黃苗子，藝林一枝，生活・讀書・新知三聯書店，2004：15。

圖 7-1-32　敦煌莫高窟隋代第 62 窟壁畫供養人

源自：陳夏生主編，中華五千年文物集刊──服飾篇（上），（臺灣）中
華五千年文物集刊編輯委員會，中華民國 75 年 9 月圖：139。

圖 7-1-33　盧誼兄弟造像石，供養人

隋開皇十一年（591 年），源自：張鴻修，隋唐石刻藝術，三秦出版社，
1998：44。

圖 7-1-34　鄭仁泰墓石棺壁板線刻

B-1　　　　　　　　　　B-2

李杰繪

　　隋代初唐多種技法雜存看似複雜的現象，其實是中國本土畫家在傳統人物繪畫的基礎上充分吸收印度體積表現畫法，並將兩者進行融合轉化的一個過程的顯示。

　　武周（690～705 年）前後，中外交流在魏晉之後形成第二次高峰，中國本土畫家已對西域畫風瞭解至深，並逐步找到了取代色暈畫法，以線形描繪人體結構、體積感的表現辦法。

　　在此時，外來的印度文化已不僅僅影響著唐人對周圍世界的形象感知，甚至還影響到思維方式（思維習慣）〔註 54〕。唐代畫家對於線形的理解已與之前的傳統線形表現形式有了天壤之別，早期人物繪畫中的線形主要起著現實人物在平面反映中的概念化框界作用，而此時平面人物造型中的線形表形作用，已形成了以人體具體結構作爲基礎的體積化的表現形式。具體的說，就是利用客觀人體的起伏變化來確定平面造型中線的轉折、穿插關係。

　　唐代平面人物的表現中，對於人物體癥結構性研究的深入，在此後的人物畫中已逐漸顯現。將初唐至盛唐的唐墓壁畫中的人物形象進行對比，就可看出唐代畫家對人體結構掌握的漸進昇華進程。由於魏晉南北朝時期的多樣性畫風並進，使得唐早期〔註 55〕的平面造型還未來得及進行綜合性融合，所以多爲南北朝形式的延續也在情理之中。而此時的畫家主要關注點是對南北朝多元畫風的重新整合，正如《歷代名畫記》中所云：

　　　　上古之畫，跡簡意澹而雅正，顧、陸之流是也。中古之畫、細

　　密精緻而臻麗，展、鄭之流是也。近代之畫，煥爛而求備。〔註 56〕

　　並且在這一時期，進入中原的西域畫家也對中國傳統線形造型觀念也有了深刻的研究。唐代彥悰在《後畫錄》中評尉遲乙僧之繪畫之語便可佐證：

　　　　筆跡灑落，有似中華。〔註 57〕

　　此外張彥遠對乙僧之佛畫中的用線亦有較高評論：

　　　　畫外國及菩薩，小則用筆緊勁，如曲鐵盤絲；大則灑落有氣概。

　　〔註 58〕

〔註 54〕譚自強，圖解跨文化交流學，世界圖書出版西安公司，2010：46。
〔註 55〕唐高祖至唐高宗時期（618～683 年）。
〔註 56〕張彥遠，俞劍華注，歷代名畫記，卷一，論畫六法，江蘇美術出版社，2007：29。
〔註 57〕嚴棕，後畫錄，唐五代畫論，湖北美術出版社，2006：3。
〔註 58〕張彥遠，俞劍華注，歷代名畫記，卷九，唐朝上。

湯垕在《畫鑒》中也說：

　　（乙僧）作佛畫甚佳，用色沉著，堆起絹素，而不隱指。

　　尉遲乙僧的繪畫特點是用色厚重妍麗，而「堆起絹素」並不是說畫中顏色的厚度，而是因暈染畫法所產生的體積感錯覺，使觀者能夠感覺出畫中景物的體積、厚重，從「而不隱指」中就可看出其畫雖然使人感到厚重，但卻未掩筆墨線條。從中顯示了本土畫風與西域畫風兩者之間你中有我，我中有你的長期互滲狀態。

　　武周大力崇佛之後，各地佛寺鼎盛，大量的佛寺需求，促使本土畫家必須具備能畫佛畫的技能，在眾多畫家的大量工作中，印度的體積表現理念對中國本土的概念化表現手段的影響更加的深化，於是，也就從客觀上對結構線群的凸現提供了條件，而這種融合轉化也就在佛寺繪畫中順其自然的進行著。在基本成於同一時期的永泰公主墓（706年）、懿德太子墓（706年）、章懷太子墓（706年）及韋泂墓（708年）、韋詢墓（708年）、韋頊墓（718年）的壁畫和線刻中，這種表現人體結構的結構線群有了明顯的顯現。

　　在這些作品當中所表現的侍女體態，已不同於李壽墓以前的人物直筒狀形式，對於人體由於姿勢動態所產生的結構變化和人體的凸出骨點已有主動的表達。以永泰公主墓石槨內壁北面次間線刻侍女、（圖7-1-35-A）韋詢墓石槨東向南間侍女（圖7-1-35-B）及韋頊墓石槨持鏡侍女（圖7-1-35-C）為例，由於人物的下視頭部所形成的頸部弧線、內縮胸部及突出的腹部，產生了明顯的S形身軀，畫家利用在結構突出部位的飽滿線形具體的描畫出了侍女體型的轉折關係。頸部前線的九十度轉折，表現出脖頸柱體由胸部中央突起的結構特徵。肩肘部及小腹部的硬度較強的飽和弧線，體現出前後突起體積及骨點的挺起狀態，由此組合成的結構線群，已經完全體現出人體的動姿和體積感，其他較鬆線形只是起著連接和豐富形式的作用。

圖 7-1-35 結構線群

A、永泰公主墓石槨內壁北面次間線刻；B、韋詢墓石槨東向南間線刻；C、韋
頊墓石槨持鏡侍女線刻。

　　在同時期的墓室壁畫中，如永泰公主墓前室東壁南側侍女群像的前排侍女的體姿表現手段；（圖 7-1-36-A）懿德太子墓前室西壁北側侍女群像；（圖 7-1-36-B）韋浩墓後室東壁持扇侍女；（圖 7-1-36-C）山西太原焦化廠唐墓墓室西壁南端持杆侍女（圖 7-1-36-D）及章懷太子墓前室西壁南端觀鳥捕蟬圖中直立侍女（圖 7-1-36-E）等。特別是，永泰公主墓石槨內壁北面次間線刻侍女（圖 7-1-35-A）和前室東壁南側侍女群像壁畫的前排中間 45^0 站立侍女，（圖 7-1-37）S 形含胸凸腹的身姿明顯受到佛教菩薩形象的影響，與唐代敦煌莫高窟 199 窟的《菩薩》（圖 7-1-38）來比較，不論是角度和體姿表現都極其相似，其根源顯然既是印度教三屈式的造型程式。

圖 7-1-36

A、永泰公主墓前室東壁南側侍女群像，源自：周天遊主編，新城、房陵、永泰公主墓壁畫，文物出版社，2002：63；B、懿德太子墓前室西壁北側侍女群像，源自：周天遊編，懿德太子墓壁畫，文物出版社，2002：51；C、韋浩墓後室東壁持扇侍女，源自：陝西省考古研究所，陝西新出土唐墓壁畫，重慶出版社，1998：90；D、山西太原焦化廠唐墓墓室西壁南端持杆侍女，源自：文物，1988，12：圖版 7；E。

圖 7-1-37　永泰公主墓前室東壁南側侍女群像局部

源自：中國美術全集編輯委員會編，中國美術全集，13 輯，繪畫編，墓
室壁畫，文物出版社，2006：圖版 29。

圖 7-1-38　唐代敦煌莫高窟 199 窟菩薩

源自：敦煌文物研究所，敦煌壁畫，文物出版社、生活·讀書·新知三聯書店香港分店，1982：圖 78。

　　印度表現女性美的傳統三屈法，即頭部向右傾斜，胸部向左扭轉，臀部又向右聳出，這種極具美感的優雅姿態，富有一種曲線美的節奏感。在許多印度雕像中都能看到這種表現，是印度教的典型的造型程式。特別是在南印度的宗教造像中比比皆是，例如，成於公元一世紀初葉，桑齊大塔中東北方柱與第三通道橫樑末端交角處的女藥叉形象；（圖 7-1-39）公元七世紀左右，埃羅拉石窟 21 窟羅摩主窟門廊上的恒河女神（圖 7-1-40）以及印度教所崇拜的主神濕婆形象。

圖 7-1-39　桑齊大塔女藥叉，西元一世紀初葉

源自：王琳，印度藝術，河北教育出版社，2003：138。

圖 7-1-40　魔加羅背上的恒河女神

7世紀，埃羅拉石窟21窟羅摩主窟門廊，源自：王琳，印度藝術，河北
教育出版社，2003：106。

　　印度教是印度文化的正統，其前身是婆羅門教。印度教造像以場景描寫
為主，具有誇張的動態感，與佛教平易近人的現實形象形成鮮明對比。印度
教與佛教一同傳入中國後，由於兩者的教義與屬地基本相同，經過融合形成
了既有莊重形象又有飄渺動姿的菩薩造型，同時也影響了中國傳統人物畫的
造型形式。

　　綜合這一時期的平面作品，可以看出，對人體結構及結構線群的追求已
是普遍的現象。畫家基本掌握了利用結構線群表現人物動姿能力，藝術家表
現結構的主動性顯而易見。在平面造型中，畫家普遍使用結構線群所反映出
的女性 S 形體姿及人體結構的明顯表達，表明了唐代畫家對隋之前繪畫中概
念化人體表現概念的徹底絕別，使結構式線群組合得以確立。漢晉人物畫與

唐代的區別是分屬與不同領域的表現觀念，前者是在對概念性表現中來尋求線形秩序的韻律；而「後者則是在對形象逼真效果的要求上，尋求相外的韻味。」〔註59〕兩者雖有相承關係，但基本造型理念已完全不同。

四、結構線群的成熟

盛唐開元時期，是中國古代社會最爲鼎盛的一個階段，不論從經濟、藝術、與對外交流上都達到了之前各代所不能企及的高度。這一時期國家統一，經濟繁榮，政治開明，文化發達，對外交流頻繁，社會充滿自信，是中國封建社會的鼎盛期。也是唐代社會高度繁盛而且極富於藝術氣氛的時代。

開元時期，是一個貴族色彩濃重的社會，其政治、文化亦氣度恢宏。〔註60〕以張僧繇爲代表的魏晉南北朝晚期疏體畫風的疏朗大氣，適合了這一時期的文化特性，唐代寫真性繪畫的流行，爲其注入了寫實性表現的內容，並結合暈染畫法的體積表現觀念，在這時形成了「吳家樣」的形式風格特徵。

這一時期，畫家對於人體結構的理解已達到相當高的程度，雖然由於社會觀念的原因，不能像西方藝術家能夠結合醫學來瞭解人體的內部構成，但是，從視覺表象來進行研究人體結構性特徵的深入程度已不亞於西方畫家。在俄羅斯國立艾爾米塔什博物館所藏的盛唐時期的菩薩像（圖 7-1-41）絹本中，菩薩的體態鬆弛自然，人體結構準確、流暢，特別是菩薩腰臀的轉折關係表現的相當微妙自然，可見此時的畫家對人體結構的表現已相當成熟。

現藏於德國國立博物館，發現於新疆吐魯番地區的《羅漢像》絹本殘片，畫家並未用暈染的體積表現方法，而是以羅漢頭上部的三條結構線準確明晰地表現出額頭、頂骨、枕骨結構，利用眉上的兩條弧線顯出眉骨的凸起結構效果，臉部側面耳前的弧線與鼻側的線條表現出突出的顴骨和鼻側肌肉的拉伸感。（圖 7-1-42）以此時的平面作品與之前相較，除了線群組織的風格區別外，人物造型的結構表現特徵更加明顯與準確。宋人董逌在其《廣川畫跋》中曰：

> 吳生之畫如塑然，隆頰豐鼻，趺目？臉，非謂引墨濃厚，面目自具，其勢有不得不然者。正使塑者如畫……正使塑者如畫，這也多得力於吳道子「畫塑兼工」〔註61〕

〔註59〕石守謙，風格與世變——中國繪畫十論，北京大學出版社，2008：48。
〔註60〕孔令偉，中國美術簡史，上海人民美術出版社，2005：60。
〔註61〕參見：〔宋〕董逌，廣川書跋・廣川畫跋，文物出版社，1992；俞建華，中國

　　可見，吳道子時期的畫家已掌握了以線表現人體體積結構的方法，善於表現人物的形體結構關係，使人物繪畫造型可以體現出雕塑一樣的體念，從一個面聯想意會到其他面，這也多得力於吳道子「畫塑兼工」的藝術能為。

圖 7-1-41　菩薩，絹本，盛唐，俄羅斯國立艾爾米塔什博物館藏

源自：俄藏敦煌藝術品，上海古籍出版社，1997：圖版 71。

古代畫論類編，人民美術出版社，1957。

圖 7-1-42　《羅漢像》絹本殘片

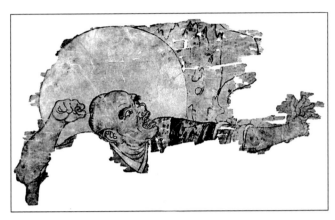

現藏於德國國立博物館，源自：洪再新，中國美術史圖像手冊‧繪畫卷，
中國美術學院出版社，2005：9。

　　在有明顯吳家樣線型風格的薛儆墓石槨人物線刻中，人物的結構準確性
已趨完善，並有著結構細節的微妙表現，結構線群與裝飾線群的線形形式分
化明晰。將初唐的平面造型與薛儆墓的平面人物造型進行比較，雖然初唐的
繪畫人物已有明顯的結構表現，但是，由於畫家對結構的理解程度不夠，使
得畫家在表現結構時不能明確、肯定的以線形來表達，所以造成了結構線的
準確程度較差，結構線群與裝飾線群的形態較爲接近的現象，以至初唐的人
物造型稍顯鬆散。

　　吳道子人物畫的主要形式特點是張彥遠所總結的「吳帶當風」，對於此
語，大多數學者只是在「衣帶飄舉」上做文章，卻忽略了張彥遠的另一層意
圖。「衣帶飄舉」並不是吳畫的專利，在魏晉繪畫中亦有許多的「飄舉」作品，
如，傳顧愷之的《列女仁智圖》（圖 7-1-43）及《女史箴圖》中的人物飄起的
裙帶。那麼，爲什麼張彥遠只對吳畫譽爲「當風」？

圖 7-1-43　傳顧愷之，《列女仁智圖卷》局部

就「當風」二字來看，其中有兩個主體，一爲飄起衣帶，二爲穩定的人體形態，只有在這兩種相互衝突的情境下，才會產生「當風」的視覺形象。具體的說，就是在畫面形式組織上，以準確、肯定的結構線群與鬆散、飄忽的服裝裝飾線群形成反差，來體現「當風」的效果。反觀魏晉平面造型的衣帶飄舉人物，從直觀視覺上來看，畫面的線形形式比較統一，人物的結構線群與裝飾線群難以區分，幾乎混爲一談。人體與衣帶類似於一種平板剪切下來的同一體面，形式反差相對弱化，所以也就減弱了當風的效果。

成於唐天寶四年（745年），現藏於西安碑林博物院碑林門前《石臺孝經》碑，由於其碑爲玄宗勅立，其線刻部分的樣本畫家必是其時最負盛名的皇家畫師所作，根據其年代及風格來看，很可能是其時身爲「待詔」的吳道子所繪。該碑碑座東向北側的線刻人物，腿部的結構線形準確，體量感充實，肯定表現肌肉實體的實線與飄動衣紋的虛線形成對比，（圖 7-1-44）得以形成「吳帶當風」式的飄舉感。在具有明顯吳家樣線形形式特徵的薛儆墓石槨線刻中，雖然人物都是靜止狀態，不見衣帶飄舉，但是，畫家將所畫人物的結構線表現的硬朗明確，與披巾和裙帶的柔軟線形形成對比。可見，當時以線表現人物體積結構的塑造技法，已經達到相當成熟的地步。

圖 7-1-44　《石臺孝經》

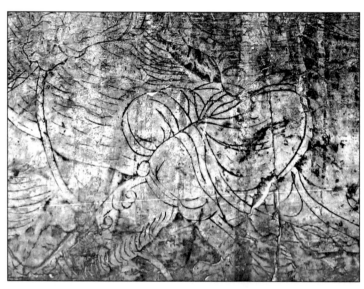

唐天寶四年（745年），東向北側碑座線刻局部，現藏於西安碑林博物院，李杰攝。

　　薛儆墓石槨內壁南向東間（圖 7-1-45-A）、內壁西向中間（圖 7-1-45-B）、內壁西向南間（圖 7-1-45-C）壁板線刻侍女均爲半側身，這三幅線刻的人物結構線群的重點是由背線、腰線、臀線所組成的侍女後部結構曲線。這條線群組合，在整體曲線中即有對微凸結構處的明確微妙交待又能體現出吳裝線形的疏朗流暢特性。背線的半弧線、腰線的較直線形、臀線的微凸感及裙下擺較鬆的懸垂直線所連續形成的這條微妙曲線組合，在保持了線的順暢感的同時，又體現出人體結構的撐衣感及線形組合結構上的鬆緊節奏韻律。另外，畫家在裙裝下擺增加兩條結構短線與背後長線所組成的並列結構線群，共同將小腿的腿肚突出表現了出來。

圖 7-1-45

　　A、薛儆墓石槨內壁南向東間線刻；B、薛儆墓石槨內壁西向中間線刻；C、薛儆墓石槨內壁西向南間線刻，注：圖中圓形虛線處爲腿肚結構處。

　　薛儆墓石槨內壁東向南間、外壁西向北間壁板線刻中的兩個侍女鎖骨處橫畫一條短線（圖 7-1-46-A）（圖 7-1-46-B-a），生動的表現出筒形脖頸插於胸腔上方的體積結合感，這條短線與之前傳統正面人物中所繪頸上皺褶線的表面化現象有著天壤之別的差異，一個是體積結構的體現，一個是視覺表象的模擬。在這兩幅線刻中，搭在手臂披巾上的線與手臂的結構線相結合，披

巾的皺摺線以上臂與小臂的轉折處爲中心，特別是內壁東向南間壁板侍女的披巾中間褶皺線，（圖 7-1-46-A-b）即表現出披巾的轉折又以其線上部的彎轉曲線巧妙的體現出了小臂與上臂的穿插關係及小臂上端的體積結構線。

這兩個侍女胸部突出，顯然是由乳下裙腰托起所致，畫家以兩條短弧線相交，作爲雙乳的結構線。（圖 7-1-46-A）（圖 7-1-46-B-c）這個「丫」狀分叉線組合，從視覺經驗來看，並不是由單一光源照射下的陰影所能造成的效果，很明顯，畫家是以所感的物體體積經驗，利用線形主觀組合而成的，如果將這兩條弧線按陰影關係分置，就會使得線形秩序組合較爲分散。在外壁西向南間壁板線刻的側身男裝侍女的腿部曲線（圖 7-1-46-C-d）來看，樣稿畫家試圖透過衣裝明確體現出侍女腿部結構的意圖，從視覺效果來看，這條曲線幾乎與去衣的人體腿部輪廓線形相差無幾。

在薛儆墓石槨線刻人物的結構線群中，有一組易被忽略的，但卻至關重要的結構線群，它的出現幾乎可以說是其時的平面藝術家對人體體積結構成熟表現的代表性體現，即是，薛儆墓石槨外壁南向東間壁板侍女頸部的倒「T」形短線組合，（圖 7-1-46-D-e）這種倒「T」形短線組合只有在對人體體積結構有了相當深度的理解狀態下才會產生。從現已發現的盛唐以前的歷史圖像來看，半側面人物的頸部表現形式都是以一條豎折線來完成，這種折線雖然能體現出脖頸與胸腔的上下關係，但卻無法表現出頸部與胸腔的前後透視關係。而薛儆墓石槨外壁南向東間壁板侍女頸部的倒「T」形短線組合，綜合顯示了脖頸與胸腔的體積組合與透視關係。畫家利用下面這條表現胸腔邊緣的弧線，疊壓與表現頸部邊緣的豎線之上的視覺效果，充分體現出了客觀人體的局部組合關係。這個看似簡單的微小變化，卻是盛唐畫家在綜合了傳統概念線形與色暈式體積表現的西方觀念各自表現的優勢，經過長期磨合所總結出的線性結構表現方式，這些現象在盛唐之前的人物畫中幾乎從未見到。

圖 7-1-46

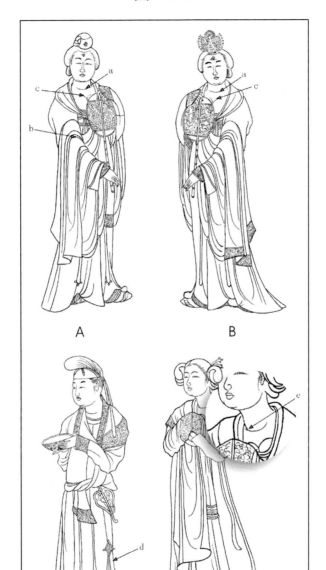

A、薛儆墓石槨內壁東向南間線刻；B、薛儆墓石槨外壁西向北間線刻；C、薛
儆墓石槨外壁西向南間線刻；D、薛儆墓石槨外壁南向東間線刻。

第二節　裝飾性線群

一、概念化裝飾線群

　　中國早期的概念化傳統人物繪畫，基本是由表現人物形態的外框線和內部填充的裝飾線群所組成，兩者之間並無必然的關聯性質，缺乏線性繪畫在形式表現上的組織韻律感，其線形組合關係中概念化結構線群與裝飾線群的隸屬關係表現的非常明確，例如，滕州桑村鎮西戶口村出土的東漢畫像石《東公出行圖》；（圖 7-2-1）河南鄭州出土的西漢末年《狗咬趙盾》畫像磚，（圖7-2-2）藝術家在表現人物造型的外形結構線內部，平行秩序化裝飾線群被強硬的填入其中，而這種裝飾線群只是起著豐富和充實畫面的作用，與人物造形並無太大的關聯。

　　在藏於臨潼博物館北魏時期的四面造像碑碑側的三幅供養人圖像中，依然延續秦漢的線群組合形式觀念，當我們將這三幅圖像連貫起來，既能明顯的看出，當時的勒石匠工對造型結構線群與裝飾性線群在主次關係上的理解與具體表現手法。即：先以結構性線群勾勒出人物體態，之後在線框之內逐步增加裝飾線群的密度，使整體線群更加豐富起來。顯而易見，其中的裝飾線群在畫面中只起到豐富、整合畫面秩序效果的作用。（圖 7-2-3）

圖 7-2-1　「東公出行圖」局部

東漢晚期，1958 年滕州桑村鎮西戶口村出土，現藏於滕州市博物館，源自：中國畫像磚編輯委員會，中國畫像磚全集──四川漢畫像磚，四川美術出版社：211。

圖 7-2-2　「狗咬趙盾」畫像磚

西漢末年，源自：洪再新，中國美術史圖像手冊——繪畫卷，中國美術
學院出版社，2005：42。

圖 7-2-3　四面造像碑局部

外輪廓結構線群　　　　　　　　　　　　　　　　　填入裝飾線群

北魏，現藏於臨潼博物館碑林，李杰攝。

　　從視覺直觀來看，由於裝飾性選群與結構線群並無必然關係，並且兩種
線形之間的夾角較大，致使裝飾線群與結構性線群在畫面當中的衝突性較
強，從而也就產生了早期人物畫中較為衝突的整體線群組合關係，這種現象
的產生也符合於中國早期符號性的抽象表現方式。〔註62〕

────────────────

〔註62〕符號的特性就是符號與符號之間必須具有較大的差異，這樣才有利於區別。

　　魏晉之後，隨著中國繪畫觀念的逐漸成形，傳統藝匠的技藝逐漸形成系統化，於此同時西亞犍陀羅藝術形式的進入，帶來了一種新的秩序性、韻律感的線群組織形式，促使中國本土藝術家更加關注線性畫面中的塑形線群與裝飾線群之間的和諧組織關係。

　　傳統的犍陀羅式線群主要體現在「出水式」的衣紋表現上，由於西亞袈裟式服裝較爲輕薄，在繪畫表現當中，線群必然會形成貼體的規律性衣紋線條組合，這種衣紋所形成的線條本身就具有較強秩序感，再經過印度本土藝術家的提煉加工後，形成了極具裝飾性的平行等距線條排列組合形式。在早期印度藝術中，明顯可以看出，藝術家有選擇的將衣紋線條組合爲平列式裝飾性線群的現象，例如在薩拉納特的鹿野苑發現的貴霜時期（約 81 年）的菩薩像，（圖 7-2-4）藝術家將密集平列的線條集中在人物的左臂和披帶上，而其他部位則處理爲人體光滑的表面，以使這種秩序性極強的裝飾性密線與光滑的人體形成強烈的反差。這種藝術表現風格就是印度藝術家將本土的線形表現形式直接施加在希臘式理性藝術之上，從而形成的犍陀羅式藝術表現形式。

圖 7-2-4　菩薩像

貴霜時期（約西元 81 年），西克利紅岩石，現藏於薩拉納特博物館，源自：王琳，印度藝術，河北教育出版社，2003：141。

　　這些由衣紋形成的平列式裝飾線群主要以三種形式體現，一是將人體四肢之間連接懸空處表現貼體輕薄衣紋的裝飾性線群；二是附著於人體表面的秩序性裝飾線群，這兩種裝飾線群主要的形式均爲半弧式平行等距排列組合；三是人體之外懸垂式衣紋的等距豎列線群組合。（圖7-2-5）在繪製於北魏時期，敦煌莫高窟第254窟西壁壁畫中部《白衣佛》（圖7-2-6）的袈裟線群，顯然是直接繼承了這種等距半弧的線形排列形式。

圖 7-2-5　犍陀羅式裝飾線群特點

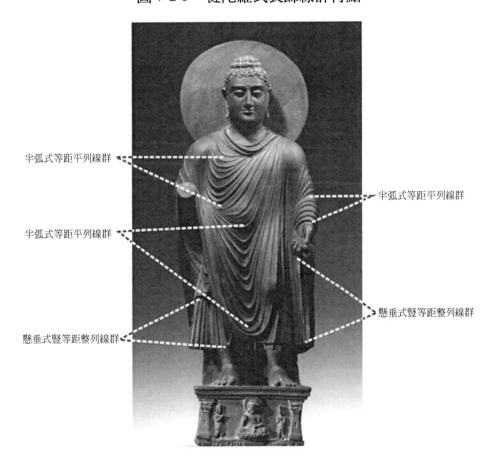

半弧式等距平列線群

半弧式等距平列線群

半弧式等距平列線群

懸垂式豎等距整列線群

懸垂式豎等距整列線群

圖 7-2-6　白衣佛

北魏，敦煌莫高窟第 254 窟西壁壁畫中部，源自：洪再新，中國美術史
圖像手冊——繪畫卷，中國美術學院出版社，2005：66。

　　在秦漢傳統畫面中，結構線群與裝飾性線群對立性極強，而南北朝時期
的藝術家在接受了印度藝術的秩序性線群的表達形式之後，逐漸將的兩種線
群統一在基本相同的秩序當中，使畫面中的兩種線群形成較為一致的方向
性，並以多種秩序性組合表現出來。例如：成於北魏時期的河南洛陽龍門石
窟古陽洞北壁《禮佛圖》，（圖 7-2-7-A）即吸取了犍陀羅懸垂式等距豎列的
線群形式；在刻於北魏神龜元年《田邁造像》中的供養人線刻（圖 7-2-7-B）
中，明顯吸收了犍陀羅懸垂式等距豎列的線群形式，同時還借鑒了曹家樣的
符號化裝飾線群的表現形式；同為神龜元年的洛陽龍門石窟的《釋迦說法圖》
線刻，將犍陀羅半弧式等距平列的線群形式進行了改革，使其形成為一種中
心發散形平列線群（圖 7-2-7-C）。在此期間，中國藝術家還對印度特有佛造
像進行了本土化改革，在佛造像線群組合形式中加入了中國傳統因素，形成
了中國樣式的造像樣式，（圖 7-2-8）同時也定型了傳統人物畫裝飾線群的基
本線形組合程式。（圖 7-2-9）例如在河南洛陽邙山上窯村出土的升仙石棺中
的男、女升仙線刻，人物腰部及腿部的線群組合中，出現了更加符合傳統觀
念的具有飄舉形態的 S 形韻律感較強的線群組合形式。（圖 7-2-10）

圖 7-2-7　魏晉線刻中的裝飾
　　　　　性線群

圖 7-2-8　蓋氏造道像

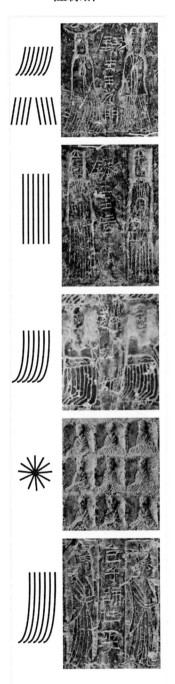

北魏延昌四年（515 年），現藏於日
本大阪市立美術館。

圖 7-2-9　裝飾線群組合形式

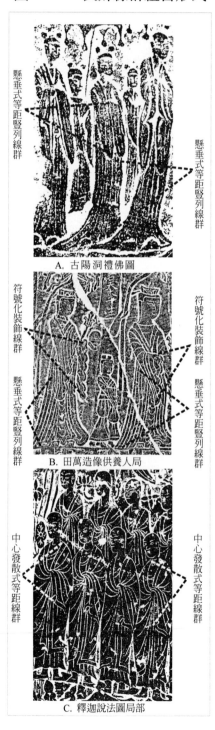

懸垂式等距豎列線群

懸垂式等距豎列線群

A. 古陽洞禮佛圖

符號化裝飾線群

符號化裝飾線群　懸垂式等距豎列線群

懸垂式等距豎列線群

B. 田萬造像供養人局

中心發散式等距線群

中心發散式等距線群

C. 釋迦說法圖局部

圖 7-2-10　升仙石棺男、女升仙線刻中的裝飾線群

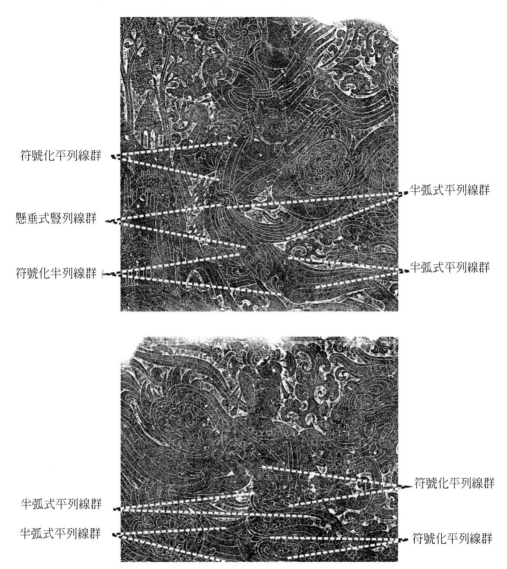

符號化平列線群

半弧式平列線群

懸垂式豎列線群

符號化半列線群

半弧式平列線群

半弧式平列線群

符號化平列線群

半弧式平列線群

符號化平列線群

二、從屬性表現

在人物畫中，結構性線群是表現人物形態的主體，而裝飾線群則是輔助於結構線群對「真實」體積的表現，它的作用主要是豐富畫面秩序，並不是結構表現的主體，因此它的演進變化必然是隨著結構性線群的轉化而變化。唐代伊始，平面造型藝術家在對本土造型觀念與印度色暈畫法進行整合之後，本土畫家在刻意追求人物造型的體積結構塑造中，由於魏晉時期所形成的「簡單」「主觀」的裝飾線群顯然不能適應這種新的造型觀念，致使畫家對漢魏以來的傳統概念化線群組合形式產生了動搖，而隨著畫家對結構性線群表現的逐步明確，就迫使畫面中的裝飾線群也必須符合這種追求「真實」的線群組織要求。

在初唐時期的人物畫中，這種極力表現「現實」的追求還並沒有形成一種新的規程，大部分還是處在漢魏概念性造型觀念籠罩之下，延續著中國概念化主觀意象線群的畫面線形的組織觀念。

貞觀五年（631年）李壽墓石槨人物線刻的線形組織明顯保留著魏晉概念線群的基本程式。在坐姿伎樂的跪姿侍女右腿中部由內向外的線群組合，明顯是魏晉時期的發散式等距線形排列線群，此外，侍女膝蓋頂出的結構線與裙裝拉伸的方向明顯不符，屬較典型的魏晉裝飾性線群排列。（圖7-2-11）在分置於各人物腿部之中的二或四條弧線的發散方向與排列形式是相同的，可以看出與北魏洛陽石棺床中盤膝的墓主夫人像（圖7-2-12）典型概念化的腿部裝飾線群有著明顯的同性效果。

圖 7-2-11　李壽墓石槨坐姿伎樂線刻

李杰摹

圖 7-2-12　北魏洛陽石棺床「墓主夫人像」

李杰摹

　　從文化學角度及繪畫樣式的傳播流行規律來看，民間的造型形式基本上是皇家典型造型形式的模仿和翻版，其造型程式的轉變是隨主流形式的變化而變化，要晚於皇家或貴族中所使用繪畫造型形式。山西省博物館所藏，開元年間的天尊造像碑〔註 63〕座線刻的供養人像，腿部內的短線條明顯與結構和衣紋無關，顯然是為了填補腿部外形線的較大空白。（圖 7-2-13）成於天寶五年（747 年）的山西永樂鎮歷山村黎明觀石燈檯的立柱周面環刻 29 個線刻道徒供養人，均為跪坐姿態。所有人物的腿部線形組織與之前的李壽墓石槨坐姿伎樂線刻侍女的腿部線形組織形式如出一轍，線條平行排列順序及方向均相同，甚至於石燈檯 29 個人物線刻的腿部裝飾線群中的線條數量都與李壽石槨坐姿伎樂侍女的腿部線群基本相同，（圖 7-2-14）由此也反映出這種概念化線群對唐代的影響之巨。

〔註63〕《天尊造像座》現藏於太原山西省博物館。玄宗時期，道教盛行，觀主趙思禮於開元七年（719 年）「上為開元神武皇帝、皇后，下為七祖三師、見存家眷及一切群生建造常陽天尊像一鋪」。造像為一頭頂蓮冠，手拿蒲扇之元始天尊坐像，底座呈正方形，正面刻有虞鄉縣趙隱士撰，道士侯煥書一「天尊銘並序」。像座兩側，繪刻供餐道士監齊趙名蓋，弟子張思元、張詢、陳懷琛、知玄等圖像。皆作站班朝拜狀。道士之間，畫瑞雲相隔，以表靈氣，反映了唐朝黃冠的衣裝形貌之真相。

圖 7-2-13　天尊造像碑座供養人像

源自：中國美術全集編輯委員會，中國美術全集（20）——繪畫編，石
刻線畫，上海人民美術出版社：57。

圖 7-2-14　山西永樂鎮歷山村黎明觀石燈檯供養人線刻

立柱正面（南）　　立柱南東 1　　立柱南東 2　　　立柱東 1　　　立柱東 2

立柱南西 1　　立柱南西 2　　　立柱西 1　　　立柱西 2　　　立柱北 2

現藏於山西永樂宮，李杰臨摹。

　　在李壽墓石槨舞伎圖部分，同樣有著魏晉裝飾線群的組織特點。六位侍
女的鞋後裙底及腿後裙擺的中心發散性線群，（圖 7-2-15）也具有標準的概念

化裝飾線群特徵，這種秩序性線群在魏晉極爲常見，例如，出土於江蘇丹陽建山金王村的南朝（420～589 年）《持劍武士》模印磚，武士翹頭鞋後部的長服下擺的中心發散線群組合。（圖 7-2-16）這種裝飾線群程式在初唐的延續還比較多見，如永泰公主墓石槨內壁東面中間、（圖 7-2-17）內壁南面東間的線刻侍女履上中心發散線群。1985 年在西安南郊興教寺附近出土的搗練圖青石石槽，〔註 64〕以線刻的士女偏瘦體徵、髮式及繪畫風格來看，該石刻的製作下線爲武周之前，〔註 65〕其中第二幅石刻線畫侍女鞋後連接的群裝下擺線群亦是中心發散性概念線群。（圖 7-2-18）顯然這種概念化線形組織，與傳統的概念化線群還是有了很大的進步，人物的衣褶線已經有了表現體積的轉折。

圖 7-2-15　李壽墓石槨舞伎圖線刻

源自：唐李壽墓石槨線刻「侍女圖」、「樂舞圖」散記，下：59。

〔註 64〕劉合心，陝西長安興教寺發現石刻線畫「搗練圖」，文物，2006，4：69。
〔註 65〕劉合心，陝西長安興教寺發現石刻線畫「搗練圖」，文物，2006，4：70～74。

圖 7-2-16　「持劍武士」模印磚局部

南朝（420～589 年），江蘇丹陽建山金王村出土，金萍攝。

圖 7-2-17　永泰公主墓石槨內壁東面中間線刻局部

圖 7-2-18　西安南郊興教寺附近出土的青石石槽，搗練圖線刻局部

劉合心先生提供。

武周（690～705 年）之後，由於畫家對人物造型結構性特徵的加強，裝飾性線群也必然隨之改變，從獨立表現性較強的概念化線群逐步向結構線群的方向發展，裝飾線群的線形方向已明顯指向於人體結構之處。

懿德太子石槨外壁南向東間的侍女鞋上裙擺線群中，（圖 7-2-19）線條的長短差距加大，並與裙上豎長垂線相銜接，打破了概念性中心發散式線群的規律性分佈的程式，已有了主動附著於結構線的趨勢。

在韋洞墓（708 年）石槨《新貴持笏圖》中，宦官上身中間表示衣服接縫的豎向線形（圖 7-2-20-A）和韋詢墓（708 年）石槨東向南間壁板線刻侍女下腹中間接縫線（圖 7-2-20-B），除了裝飾作用外，畫家還利用這條線形的弧度變化體現出宦官上腹部和侍女下腹向外突出的體積感，李晦墓（689 年）石槨北向西 2 立柱侍女腹部的豎弧線（圖 7-2-20-C）也表現出了人物結構的縱向厚度。與之前人物造型的同部位線形相比這種表現非常明顯，例如，李壽墓立姿侍女胸前的豎直裙線（圖 7-2-20-D）、禮泉楊溫墓（640 年）墓室東壁侍女的裙裝前擺及高宗咸亨四年（673 年）陝西省富平縣房陵大長公主墓後室東壁南側捧盒侍女（圖 7-2-21）裙裝上表現裙摺的垂直豎線，都不具有表現人體的起伏質感的功能。

圖 7-2-19　懿德太子石槨外壁南向東間局部

圖 7-2-20

A、韋洞墓石槨「新貴持笏圖」局部；B、韋詢墓石槨東向南間壁板線刻局部；
C、李晦墓石槨北向西 2 立柱線刻局部；D、李壽墓石槨內南嚮壁板局部，李杰
繪。

圖 7-2-21　捧盒侍女圖

咸亨四年，房陵大長公主墓後室東壁南側，源自：申秦雁主編，神韻與輝
煌——陝西歷史博物館國寶鑒賞・唐墓壁畫卷，三秦出版社，2006：87。

從以上的圖例中可以看出，傳統的概念化裝飾線群在初唐逐步向結構性線群靠攏轉化，裝飾線群也逐漸負載了更多的結構體量的表現功能。

三、表意性的轉變

開元前後，畫家更加熱衷於用線來表現人物的結構體積。這一時期人物畫中的結構性線群表現達到了前所未有的高度（參見本文結構線群部分），裝飾線群也隨之參與結構表現，然而這一趨勢勢必會弱化秦漢以來概念性裝飾線群的主觀表現性。以往主要爲了裝飾畫面的裝飾性線群在此時也具有了相同於結構線群的表意作用。例如薛儆墓石槨內壁東向南間、內壁北向西間壁板線刻侍女臂部搭掛的披巾與臂部結合處的弧線，是隨著手臂的結構而組織、分佈，明確的起到了表現手臂體積、結構的作用。（圖7-2-22）繪於開元十二年的惠莊太子墓壁畫中的人物，（圖7-2-23）結構線群與裝飾線群幾乎無法區分，所有線群都參與到人物結構體積的表現當中，雖然這些人物的服飾與之前並無區別，但由於此時畫家對所表現人物線群的結構意識增強，所有線條幾乎都有明確的結構指向，使得此時的人物所表現出的「真實」感更加的明顯。

圖7-2-22　薛儆墓石槨內壁東向南間、內壁北向西間線刻局部

源自：唐代薛儆墓發掘報告：49。

圖 7-2-23　男侍圖

開元十二年，惠莊太子墓第二過洞口東側壁畫，源自：陝西省考古研究
院，壁上丹青——陝西省出土壁畫集（下），科學出版社，2008：308。

在這一時期的人物畫較之前明顯地「準確、眞實」了，其原因主要是由
於參與人物表現的線群都是以表現人物的結構體積爲目標，所有線群的方向
都指向人體結構、體積的關鍵之處，因此，此時的裝飾線群實際上已在這種
突出結構表現當中被弱化於無形。

然而，在極力表現結構的同時，中國傳統繪畫中線形的意象組織關係也
隨之受到了一定局限，這種結果理應是中國畫家所不願發生的現象。爲了平
衡這一心理差異，畫家不得不在畫面中附加一些與結構無關的裝飾性線群，
來彌補這種突出表現結構的單調線群組織關係。於是，在薛儆墓石槨線刻的
人物造型中便出現了準確的結構線群與純裝飾的紋樣線群交織的線群組合，
畫家利用這種結構線群與紋樣的對比組合來增加畫面的裝飾效果。就如，薛
儆墓石槨內壁西向中間和內壁西向南間壁板線刻（圖 7-2-24）中團扇、袖口的

短線裝飾紋樣與表現人物結構的長線組合，並將短線裝飾性頭飾、袖口及上衣下擺與結構長線的組合形式被統一於同一畫面當中。

圖 7-2-24　薛儆墓石槨內壁西向中間和內壁西向南間壁板線刻局部

源自：唐代薛儆墓發掘報告：44。

　　當我們將漢代至盛唐人物繪畫中的裝飾線群進行縱向排列時，裝飾性線群的變化軌跡也就清晰可見了。首先，漢代的等距並列式線型與表現人物結構的線群幾乎是完全脫離的，而在同期發展的印度等距並列線群卻是附著於人體結構之上，隨著中印兩種繪畫的互溶性逐步深刻，中國傳統裝飾性線群已經被結構性線群所同化，逐步趨向於結構線群的表達方式。以至於中國傳統人物繪畫中所具有的強烈對比性秩序化裝飾線群，由於依附於結構表現，而逐漸喪失了它所獨具的主觀規範秩序。開元之後，隨著人物畫結構表現的成熟，等距並列式的傳統裝飾線群幾乎蕩然無存，由秩序性線群與結構性線群所共同構建的對比性傳統畫面秩序，也隨著結構線群的突出表現而徹底被打破。從線條在畫面中的表現功能來看，這是一種表現技法上的提升，就如康定斯基所說的簡單線群節奏向複雜節奏進化的過程。〔註 66〕（圖 7-2-25）

〔註 66〕〔俄〕康定斯基，羅世平、魏大海、辛麗譯，康定斯基論點線面，中國人民

但是，從中國傳統人物畫所特有的畫面線群秩序的角度來看，這種將主觀表現性線群被統一成為客觀結構性線群秩序的現象，幾乎就是泯滅藝術家主觀創造的一種倒退表現。

圖 7-2-25　簡單節奏向複雜節奏演變示意圖

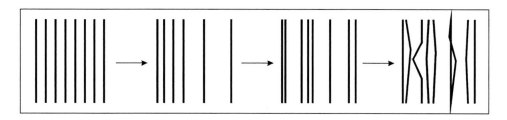

第三節　線群的重構

一、主觀秩序性線群的回歸

　　玄宗初期的人物造型形式注重以結構性線群的表現，然而這種突出表現結構的線群組織，雖然更符合現實人體質感，卻與中國繪畫造型形式「以神領形」的傳統觀念及用線的主觀秩序性愈行愈遠，並且極大的限制了畫家的主觀表現性。具體的說就是，中國早期的平面人物造型形式「無視衣飾下的身體」〔註67〕注重畫面線形秩序的體現。開元時期，畫家注重強調衣服下的人體結構表現，但卻忽視了主觀的創造性。這種現象恰恰類似於西方傳統寫實性表現形式觀念，而其中的「粗陋性」亦顯現而出：

　　　　這種從功能價值向空間價值所必須的藝術的根本性轉變並沒
　　有發生，藝術家把姿態的真實性僅僅考慮為表現……實際上只不過
　　表明缺少對現實的藝術重構。〔註68〕

　　天寶時期，〔註69〕正是唐代人物畫突出結構表現的鼎盛時期，如何能將

　　　　大學出版社，2008：61。

〔註67〕〔美〕方聞，李維琨譯，心印——中國書畫風格與結構分析研究，陝西人民美術出版社，2006：13。

〔註68〕〔德〕阿道夫・希爾德勃蘭特，潘耀昌譯，造型藝術中的形式問題，中國人民大學出版社，2004：72。

〔註69〕本文所說的「玄宗末期」為安史之亂（755年）之前。唐代的石槨墓（除帝陵外）便終止於安史之亂之前。

現實形象的結構與傳統主觀秩序性表現形式相統一，是擺在畫家面前必須解決的現實問題。畫家在對突出表現結構的弊端進行反思之後，對傳統的主觀概念性表現手法重新得以認識。

此時的藝術家對於傳統的認識已與漢晉時期不同，他們是在充分吸取了人物體積結構表現方法之後，用傳統的主觀秩序性線群與結構性線群相結合，意圖來詮釋一種新的中國式線形繪畫表達方式。這一段時期，表現較爲突出的是李憲墓（742年）和王賢妃墓（746年）墓室壁畫及石槨線刻中的人物造型形式，藝術家的主觀線形表達得到了充分發揮，雖然這時的畫家對人體結構有著充分的理解，但他們並不拘泥於結構的表現，而是主觀的將結構性線群與裝飾性線群進行組合、穿插，形成了一種新的、不同於傳統概念性線群的主觀組合形式，或者可以說，他們重新創造了一種新的中國式主觀表達性線群程式。

在傳統中國繪畫中，裝飾線群在畫面整體當中起著控制線群整體秩序韻律和豐富結構線群的作用，它使畫面形成了統一的形式秩序感，畫面當中的一致性和統一性，並不完全等同於客觀自然的有機的或功能的一致性和統一性。這種經藝術加工後獨特的形式秩序感是客觀世界所不存在的。其藝術形式的顯現，是藝術家在各種客觀現象及哲學觀念等因素的刺激之下，在平面二維空間當中形成的相互制約、相互協調的線形秩序。〔註70〕這當中的各個單元線條屈從於整體的秩序感，畫面中的所有形式單元都是按照經過長期傳承和校正後，在畫家心目當中形成的程式化知覺意識的主觀規則來進行安排和分佈。

在成於開元二十年（734年）的慈和石棺線刻（圖7-3-1）中，可以看出，此時的畫家重新對初唐之前的概念化線群產生了興趣，強調線群的平行排列秩序，注重畫面線形的秩序裝飾性。在仕女合抱雙手的上弧線，已去除衣袖皺褶的起伏結構表現，還原成概念化的一條半圓弧線的表現方式。然而從畫面中還是可以看出線群結合較爲生硬，明顯帶有過渡的迹象表現。

這一時期線形的組織形式已經脫離了開元初期，類似薛儆墓壁畫的極度強化結構線群的表現觀念。比如，李憲墓壁畫、石槨線刻及王賢妃石槨線刻，在造型上即保持了開元初期所形成的準確比例，又將傳統概念性線形組織關

〔註70〕 參見：〔德〕阿道夫·希爾德勃蘭特，潘耀昌譯，造型藝術中的形式問題，中國人民大學出版社，2004：24～25。

係融入其中，並將兩種線形進行穿插，相互組織在一起。既不極端強調結構線群也將裝飾性線群控制在符合人體結構的一定範圍內，使在畫面中表現結構的線形與概念性線群形成統一形式秩序。

　　在李憲墓壁畫中，畫家顯然在保持人物結構準確的前提下，將傳統的並列式裝飾線群發展至極致，使統一方向性的線群在畫面中充滿，極大的增加了畫面的裝飾性效果。（圖 7-3-2）

圖 7-3-1　《慈和石棺》壁板線刻局部

現藏於長安博物館，李杰繪

圖 7-3-2　李憲墓墓室東壁北部壁畫侍女

源自：壁上丹青──陝西省出土壁畫集，下： 357。

　　在成於天寶五年（746年）的王賢妃墓石槨人物線刻中，畫家將人物的結構線形更加削弱，這種減弱並不是畫家不能準確的表現，而是削弱了結構線與主觀裝飾線群的界限，並且將這兩種線群有意的進行交叉組合，使得畫面

中線群的主觀意識更加充分的體現出來。例如，在王賢妃墓石槨 Q-8 壁板線刻侍女〔註71〕（圖 7-3-3-A）的右肩部及 Q-9 壁板侍女〔註72〕（圖 7-3-3-B）腰部的線群組合，並未被人體結構所束縛，Q-2 壁板侍女衣袖豎向結構線群、Q-9 壁板〔註73〕的侍女裙裝腰部豎線線群與主觀加入的橫向裝飾衣紋線群穿插交錯，形成網狀分佈的主觀秩序線群，即豐富的線群的表現力，又使豎向的結構線不會顯得孤立。

圖 7-3-3　王賢妃墓石槨綜合線群組合

A、王賢妃墓石槨 Q-8 壁板線刻；B、王賢妃墓石槨 Q-9 壁板線刻；
C、王賢妃墓石槨 Q-2 壁板線刻局部，弓淼繪。

二、折線的支撐

中國書法在盛唐時期也發展至鼎盛階段，書法中的概念化筆劃組合觀念被同樣使用毛筆的中國古代繪畫所引入，書法的疏密關係，也在繪畫形式組合中得以體現。（圖 7-3-4）在李憲墓石槨內壁北向東間壁板侍女線刻（圖

〔註71〕李杰，勒石與勾描——唐代石槨人物線刻的繪畫風格學研究，人民美術出版社，2016：48。
〔註72〕李杰，勒石與勾描——唐代石槨人物線刻的繪畫風格學研究，人民美術出版社，2016：48。
〔註73〕李杰，勒石與勾描——唐代石槨人物線刻的繪畫風格學研究，人民美術出版社，2016：48。

7-3-5）中，畫家借用書法中的「密不透風，疏可走馬」，將線形進行主觀分佈，披肩及裙裝兩側線形密集，其他部分線條疏曠。裙裝兩側線形密集的這種組合並不是單純的主觀臆造，其中還包括了這時期畫家已然接受了的體積塑造觀念，即，近者亮，遠著暗。畫家用密線表現暗部，以疏線來體現亮部。

　　書法對於人物繪畫更為重要的影響體現在線形的轉折關係上。中國書法在由秦漢篆、隸書體發展至唐代的楷書之後，書法中線條的轉折明顯硬朗化，（圖 7-3-6）盛唐時期的畫家將這種方折的線形也施用在人物繪畫的線形當中，以增加線形的變化和豐富線群的表現力。開元之後，在人物畫中出現的這種硬折線，實際是改變了由循環往復的曲線所形成的傳統人物表現程式。

圖 7-3-4　李憲墓甬道東壁壁畫南起第 7 個侍女

源自：壁上丹青──陝西出土壁畫集：352。

圖 7-3-5　李憲墓石槨內壁北向東間線刻

源自：李憲墓石槨內壁北向西間壁板拓片，源自唐李憲墓發掘報告：213。

圖 7-3-6　《玄秘塔碑》拓本

唐，柳公權，現藏於故宮博物院，源自：中國美術學院美術史系中國美術史教研室，中國美術簡史，中國青年出版社，2007：125。

　　我們知道曲線是在兩種力同時作用下形成，（圖 7-3-7-A）這種線形會在人視覺上產生流動、順暢的感受，而折線是在兩種交替的作用力下產生的，兩種不同方向的作用力經過碰撞，就會在畫面當中引起視覺上「更大的共鳴〔註74〕」。（圖 7-3-7-B）特別是天寶伊始，唐代人物畫中常出現的 90°直角折線，在視覺幻象中更加具有高度活躍的敏銳性〔註75〕。

圖 7-3-7　曲線與折線作用力示意圖

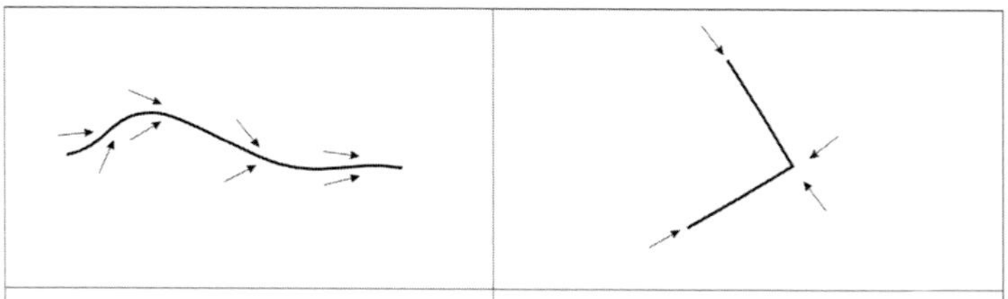

| A. 形成曲線的作用力 | B. 形成折線的作用力 |

弓淼繪

　　在成於 727 年的阿史那懷道十娃夫婦墓石槨線刻（圖 7-3-8）和李邕墓壁畫（圖 7-3-9）當中，畫家利用硬折的線形表現人物肩肘部衣紋撐起的力度感。雖然，從畫面整體線群來看，這種硬折線顯得有些突兀，但它卻是傳統線形表現中的一個轉折現象，從中可以看出當時的畫家已不滿足於傳統線形在人物造型上缺乏力度的表現。其後在李憲墓甬道西壁南起第 9 位男裝侍女（圖7-3-10）和唐安公主墓（784 年）甬道東壁的男侍〔註76〕中，畫家對這種「突兀」的折線增加了轉折的弧度，使得折線能夠融入整體線群的形式感中。再如，阿史那懷道十娃夫婦墓石槨線刻中方折線形的出現，不但豐富了畫面中線形秩序，還給畫面中的人物增加了一種支撐力度，使得人物表現更加充實。在法門寺地宮出土的包裹奎口圈足密色瓷碗 FD4：009 薄紙所繪的仕女圖像和包裹侈口密色瓷碗 FD4：008 薄紙所繪的仕女圖像（圖 7-3-11）中亦可見這種折線被使用的相當熟練，特別是中唐人物畫家周昉在人物畫中將這種折線運

〔註74〕〔俄〕康定斯基，羅世平、魏大海、辛麗譯，康定斯基論點線面，中國人民大學出版社，2008：44。
〔註75〕〔俄〕康定斯基，羅世平、魏大海、辛麗譯，康定斯基論點線面，中國人民大學出版社，2008：46。
〔註76〕申秦雁主編，神韻與輝煌——陝西歷史博物館國寶鑒賞‧唐墓壁畫卷，三秦出版社，2006：235。

用的更加豐富與精到。（圖 7-3-12）

圖 7-3-8　阿史那懷道十娃夫婦墓石槨內壁板線刻

李杰摹

圖 7-3-9　《黃衣童子》局部

李邕墓墓室東壁北部，源自：壁上丹青——陝西省出土壁畫集，下：331。

圖 7-3-10　李憲墓甬道西壁南起第 9 位男裝侍女

源自：陝西省考古研究院，壁上丹青——陝西省出土壁畫集，下，科學
出版社，2008：355。

圖 7-3-11　法門寺地宮出土包裹奎口圈足密色瓷碗 FD4009 薄紙所
　　　　　繪的仕女摹本

源自：法門寺考古發掘報告：222。

圖 7-3-12　周昉，簪花仕女圖局部

源自：故宮博物院藏畫集編輯委員會編，中國歷代繪畫──故宮博物院
藏畫集（1），人民美術出版社，1978。

三、中式體量觀念

在王賢妃墓石槨人物線刻中有一個現象非常值得關注，在 Q-8 壁板線刻
侍女的左臂（圖 7-3-3-A）和 Q-2 壁板線刻侍女的右臂（圖 7-3-3-C）中間，各
畫有一條衣紋線，這條線即代表衣服的皺褶也體現出上臂結構的明暗交界
線。這種現象並不是碰巧出現的，還可以在開元二十年慈和石棺仕女線刻中
看到同樣的現象，慈和石棺仕女刻圖中部三個仕女右上臂中間（圖 7-3-1）所
畫的線條，並不是表現衣褶的豎線，可以看出，畫家有意在上臂衣紋線中加
畫了這條表現體積的明暗交界線。這種明暗交界線的表現來源，明顯是由傳
統工筆繪畫中的高染法中提煉而成，也可以說是此時的畫家將印度佛畫表現
人物結構的暈染法進行改革後的一種線形表達方式，從中顯現出當時的畫家
對人體體積表現觀念已不是對西方表現形式的簡單再現與模仿，而是已經具
有了屬於自己的對於人體體積表達的方式──陰影與陰陽的統一。

傳真大要，端不外乎於陰陽〔註77〕。

────────────────

〔註77〕俞劍華，中國畫論類編，人民美術出版社，1986：567，原文為丁皋《傳真秘
　　　　訣》：誠又問曰：「傳真大要，端不外乎於陰陽乎？」曰：「然」。

　　在中國傳統繪畫觀念中，物象的體面、明暗都歸乎陰陽的表達方式。這種中國傳統的哲學觀念對於人物畫來說，從表面意義來看似乎並沒有什麼特別的徵兆，但就繪畫內在理念的層面而言，卻包含著許多環環相扣的環節連帶。從哲學意義而論，陰與陽的典型核心既是光明與黑暗，並且包含了宇宙萬物的「道」之所在和循環規律，同時也體現出中國傳統社會的秩序原則，而陰與陽在傳統繪畫中則具體體現爲「虛與「實」的轉換之上。

　　從中國人物畫的發展角度來看，開元時期的人物畫在結構表現上已達到了前所未有的高峰，但與正統的西式表現觀念還是有著明顯的區別，這主要是由於中國本土畫家所接受的印度體積表現觀念雖然源自古希臘、羅馬的造型形式，但經過印度藝術家的改造，已經不是完全意義上的光影體積表現方法。在古希臘、羅馬的人體雕塑中，人體骨骼肌肉的表現非常明確，（圖 7-3-13）印度的造像則有肉無肌，（圖 7-3-14）而中國的造像則更加趨向「塑者如繪」的線形形式表現。（圖 7-3-15）這也就是爲什麼中國傳統畫家多能雕塑的根本原因。西式的雕塑方法由一開始就是從三維空間來考量所塑形象的體量。中國傳統造塑像在製作之初就與西式雕塑完全不同，他們在接手一件塑像任務後，並不是先從立體的角度出發，而是先繪製塑像正面的平面線稿，把立體的形象首先轉化爲平面的線形秩序，然後以線稿爲依據由塑像的正面逐步向整體擴散塑形。可以說，中國傳統塑像就是將線形繪畫轉換爲立體的過程。

圖 7-3-13　獲勝的運動員　　　　圖 7-3-14　釋迦牟尼立像

古羅馬，西元 1 世紀左右　　　　5 世紀，現藏於英國伯明翰博物館，源自：王琳，印度藝術，河北教育出版社，2003：54。

圖 7-3-15　山東緇川龍泉寺丈八佛像

北魏末東魏初，源自：劉鳳君，藝術考古中的雕塑，山東畫報出版社，
2009：177。

　　此外，中國藝術家在塑造人物時首先關注的是這個人物的社會屬性，並
以符合傳統表現的普識性特徵程式為前提，然後才是體積結構的表現。這樣
就給人物的表形首先設定了一個限制，結構性線形只能在這個框架之內進行
發揮。盛唐時期，本土畫家雖然對於印度傳來的暈染體積表現觀念已經接受，
在這一前提下，畫家還是嘗試著將這種基本符合視覺現實的過渡性色差表現
技法逐步向線形表現過渡。現藏於英國不列顛博物館的唐代《金剛力士》絹
畫，（圖 7-3-16）基本採用典型的暈染技法來表現力士的身體體積，而敦煌莫
高窟 158 窟《涅槃變》壁畫中表現人體（圖 7-3-17）體積的暈染範圍已經縮小，
可以看出，線條和暈色正在糅合的迹象。更為重要的是，畫家已經有意識的
將西域畫法中表現人體結構的暈染方式向線形表達邁進。在敦煌莫高窟 112
窟《力士》的身體上，（圖 7-3-18）這種將面轉化為線的過程狀態體現的更加

明顯，暈色幾乎被結構線群所代替。具體的說，就是畫家將表現人物體積的暈染，逐步縮窄成線，這樣所形成的線就自然成為了人體的結構線。雖然畫中人體結構的表現還不成熟，但畫家想以線表達體積的意圖則非常明確。

圖 7-3-16　唐代《金剛力士》絹畫

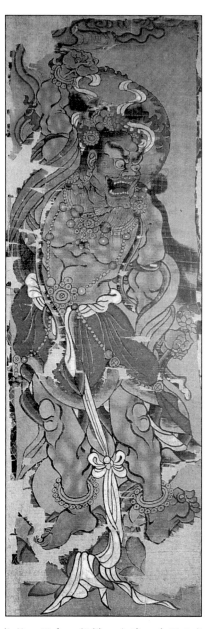

現藏於英國不列顛博物館，源自：劉樺、金濤，中國人物畫全集，2001：83。

圖 7-3-17　敦煌莫高窟 158 窟《涅槃變》

源自：敦煌文物研究所，敦煌壁畫，文物出版社、生活‧讀書‧新知三
聯書店香港分店，1982：圖 80。

圖 7-3-18　敦煌莫高窟 112 窟《力士》

源自：敦煌文物研究所，敦煌壁畫，文物出版社、生活‧讀書‧新知三
聯書店香港分店，1982：圖 88。

　　在傳統本土畫家基本瞭解了西方體積表現觀念的同時，自然就會將其與傳統繪畫觀念進行比較。首先，西畫是通過陰影的推導及光影之下的層次感來顯示人物的體積、遠近，其主要著手處集中在對於「暗部」的描繪。而傳統造型觀念則更注重人物結構的象徵性與畫面之內的合理性；西畫注重人體結構的具體結合來表現人物外貌，而中國傳統繪畫則將人本身看作一個整體，以富於象徵性的表現形態來傳達人物內在的精神狀態。

　　西畫中認為亮部與暗部是相互對立的兩部分，而中國傳統繪畫理論認為明與暗是相互對應而生，陰中有陽，陽中有陰，即用筆的實中有虛，虛中有實，兩者相溶相輔：

　　　　虛乃陽之表，實即陰之裏也。〔註78〕

　　可見，中國傳統繪畫理念與西方表現觀念有著本質的區別，西畫看似明媚逼真，但細細品味之後，它只是在視覺上的光線照射以皴染來表現明暗、體積關係，只能給觀者帶來視覺表象的「真實」。而中國傳統人物繪畫則將情感專注於用線的連貫氣韻，並以此來顯現具有生命之氣的內在精神狀態。然而，畫面中的直觀表現能力，本土藝術則明顯遜於西畫，但是由於歷經數千年的中國傳統哲學觀念及社會因素，又使得本土畫家在主觀上認為西畫的表象處理方式只屬於「技」的範疇，而中國畫中的「取神」才是藝術的最高最求。

　　在經歷了從魏晉至唐初，對印度暈染體積表現觀念的長期實踐之後，畫家即不願拋棄傳統又不願放棄業已有所感悟的西方觀念，所以也就自然而然的會將兩種表現方式進行綜合處理。雖然我們不能瞭解當時畫家的具體融合方式，但是我們可以通過類似王賢妃墓石槨人物線刻中的明暗交界線現象來進行一下推理。唐代畫家顯然已經對光線照射在物體上的影響有了深刻的理解，當單一光線照射在物體上，所形成的陰影與亮部必然是一種漸變的過渡現象，而以對立的兩個光源對物體同時照射時，物體表面就會形成陰影與亮部產生強烈對比的「陰陽對立」，而這種對立在物體表面就會集中為一條視覺上「線」。(圖7-3-19) 這條線既能統一於傳統線形繪畫畫面秩序之中，又能體現出人物的體積感。正是基於這種感受，畫家將兩種不同表現意義的線形統一於一幅畫面當中，於是也就出現了玄宗中期之後王賢妃墓石槨人物線刻中

〔註78〕〔清〕丁皋，傳真秘訣，俞劍華，中國畫論類編，人民美術出版社，1986：
　　　　547。

的明暗交界線現象。

通過以上分析，中國平面人物造型形式發展至玄宗後期，畫家將結構性線群與傳統主觀意象線群，通過各種形式手段進行了重構，從而創造了一種綜合表現的線群秩序，並預示著傳統人物線形表現繪畫新紀元的開端。

圖 7-3-19　明暗交界線形成示意圖

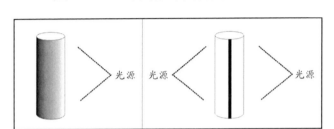

弓淼繪

四、建構形式譜系

裝飾性線群與結構性線群的演進並沒有時間上的先後，它們是中國人物傳統造型的兩個構成部分，具有發展上的同步性，為了能夠清晰的展現兩者因各自屬性的不同而在發展脈絡中演進的不同狀態本文將兩者分開來進行表述。

中西方藝術的差異在於靈感的來源不同，東方的靈感源自於天人合一的整體自然觀念，而西方的靈感來自於人體本身之美。〔註 79〕以希臘藝術為基礎的印度、西亞藝術，實際上隱含了原始力量與數學比例相互作用的體積表現觀念。〔註 80〕印度和西亞的體積表現觀念在魏晉南北朝時期，對中國本土繪畫帶來了巨大的衝擊，就如敦煌壁畫所顯示的，現存的早期敦煌壁畫中帶有凸凹畫法的壁畫佔據了絕大多數〔註 81〕。

由印度暈染畫法所帶來的體積觀念，經過長期的中式改革，所形成的「客觀」結構線群，在玄宗初期，畫家將外在的物理形式用內在的思維觀念進行重新組合，〔註 82〕加強了結構線形的自身表現力。使得這種線形不但表現出

〔註 79〕林語堂論中國繪畫，朵雲，1989，1。
〔註 80〕張強，中國人物畫學，河南美術出版社，2005：120。
〔註 81〕〔美〕方聞，敦煌的「凸凹畫」，國際漢學會議論文選，臺北中央研究所，1981：73～94。
〔註 82〕參見：錢家渝，視覺心理學——視覺形式的思維與傳播，形式的定義，學林

客觀物體的「真實」形狀，並且還表達出中國所特有的線群形式本身的審美價值。

在吳家樣鼎盛時期的墓室壁畫中，畫家已經可以完全依賴線形解決畫面中人物體積結構關係，顯然形成了一種完全不同於漢晉線形表現系統和西域色暈畫風的新式線形表達方式。

具體的說，以中唐墓室壁畫為代表的結構線群，就是畫家利用中國傳統的帶有明顯指向性的線群表達方式，將一個人的複雜形體造型準確的組合起來，而這些線群當中的主體線群則指向於各個人體關節（骨點），表現這些關節的轉折結構的線群就是結構線群，此時的畫家就是靠這些結構線群在畫面中準確交代出所要表現人物的體態特徵與個性特點。玄宗中後期，中國本土畫家更加明確的將外來體積表現形式與傳統觀念進行了重構式的融合，使畫面中的人物造型形式兼具了結構與意象的更加典型的表現形式風格。

總結本章，會發現在這個形式風格演變的進程中，跨文化交流起著至關重要的作用，而這種文化交流必然是在兩個或多個特定的文化背景之間進行信息碰撞。以威爾伯・施拉姆傳播模式（圖 7-3-20）〔註 83〕來解釋中國傳統畫家在接收和理解由印度傳來的文化信息時，由於受到文化背景信息整合方式等因素的影響，必然會傾向於用自己的視角來理解對方的思維方式，從而有選擇的接受對方的信息素材。魏晉時期，當佛畫跟隨佛教傳入中國之初，中國傳統畫家是憑著視覺的直觀反應來接收這種外來形式風格，魏晉南北朝的中外碰撞之後，初唐以降，對這種綜合性造型觀念、形式風格等進行了深入理解，盛唐之後，傳統畫家已經能夠結合本土形式觀念來對外來風格進行揚棄的處理，並形成了綜合的新形式風格。

圖 7-3-20　威爾伯・施拉姆傳播模式

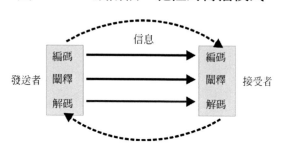

出版社，2006：6～7。
〔註 83〕譚自強，圖解跨文化交流學，世界圖書出版西安公司，2010：18。

　　綜合本文對現已發現中古時期平面人物造型形式風格的分析，漢唐之間人物繪畫的形式風格從主要歷史時期來對應分期，從漢代的本土概念化風格的確立，發展到魏晉南北朝時期中西藝術觀念和技法的相互碰撞融合，基本確立了中古繪畫的發展方向和延承風格譜系。

　　在此基礎之上，唐代繪畫則成為中國傳統繪畫的定性與成熟時期。初唐至安史之亂，經歷了三次變革。其一，初唐，基本延續漢晉傳統概念化線群組織觀念，並因外來體積表現的加入，逐步對結構性線群加深瞭解；其二，玄宗初，結構性線群表現突出，畫家在對外來藝術中人物體積表現觀念的深入理解後，在線形造型中加強了人物結構線群的表現，使得傳統裝飾性線群也同樣具有了表現結構體積的作用，極大的減弱了畫家主觀表現，這一時期可以說是中國古代人物繪畫以形寫神的頂峰時代；其三，玄宗末（安史之亂前），藝術家的主觀表現性被重新喚醒，畫家對結構性線群與裝飾性線群進行穿插、統一組織融合，重構了畫面形式感的表現性，形成了不同於漢晉時期的新主觀秩序性線群表現程式。也就是說，在視覺效果上，由線作為原始構成元素配合形體結構要素而成的，反映主觀空間結構的平面線群構成形式，從而創造了中國傳統人物繪畫以神寫形的新紀元。在這種新的形式表現當中，即有中國傳統語境所獨有的主觀秩序性繪畫語彙，同時也體現出對異質文化的智慧取捨，為之後形成更具中國特色的寫意繪畫打下伏筆。

第八章　線形程式

　　如果單從造型形式的表現來確認歷史時期的時代風格，很容易會使人產生混淆，特別是對於時代風格較為統一的中古時期繪畫。將中國傳統人物繪畫基本要素的線型與造型形式結合起來進行考察，顯然會較為準確的總結出特定歷史時期的時代風格。

　　繪畫創作就是藝術家落跡留痕的過程，通過畫家落筆於媒介上的痕跡得以表達形象和意境。在中國古代繪畫上最為重要的痕跡非「線」莫屬。在幾千年的用線史上，線型的發展根據不同的歷史時期有著明晰的發展軌跡，並創造出了不同的時代線形風格。

　　關於線型的研究，早在謝赫的《古畫品錄》中即已將形成線型的筆法作為獨立的關照體系。除了其著名的「骨法用筆」之外，他還對繪畫筆法應用的好壞進行了界定：

　　　　陸綏：一點一拂，動筆皆奇。

　　　　姚曇度：畫有逸方，巧變鋒出。

　　　　毛惠遠：縱橫逸筆，力道韻雅，超邁絕倫，其揮霍必也極妙。

　　　　江僧寶：用筆骨梗。

　　　　張則：意思橫逸，動筆新奇。

　　　　劉頊：用意綿密，畫體纖細，而筆跡困弱。

　　　　劉紹祖：筆跡歷落。

　　　　宋炳：跡非準的，意足師放。

　　　　丁光：雖擅名蟬雀，而筆跡輕羸，非不精謹，乏於生氣。〔註1〕

〔註1〕謝赫，古畫品錄。

張彥遠在《歷代名畫記》中記：

> 顧愷之：調格逸易，風趨電疾。
>
> 陸探微：精利潤媚，新奇妙絕。
>
> 張僧繇：點、曳、斫、拂，別具一巧，鈎戟利劍森森然。
>
> 吳道子：彎弧挺刃，數尺飛動，力健有餘，離披點畫，時見缺落。
>
> 尉遲乙僧：用筆緊近，如曲鐵盤絲。

此外，在歷代畫論中還有許多對筆法、線型的描述，這些關於筆法的論述，大多將其放置在一個相應的品格之中，〔註2〕來對用筆的速度、勢度及多向的變化進行描述。這些筆法描述似乎使我們看到的各個畫家的線型特徵，但是當我們想更深一步瞭解的時候，就會發現這些古代畫論當中的描寫都存在於寫意式的文學語境之下，不但不能使我們具體地看清這些線型的面貌，甚至還會給我們帶來更大的困惑。

隨著 20 世紀以來，考古學不斷的為我們提供出一幅幅斷代明確的歷史依據，從而使我們能夠逐漸的看清不同歷史時期的人物畫線型風格。本章即以此基礎，以直觀表現的分析方式，試圖建立一條傳統人物畫的線型發展譜系，並將各時期線型表現放置在這個流變的譜系當中作以定位。

第一節　線型的延承軌跡

一、秦漢線型的基本特徵

在繪畫還沒有獨立發展起來之時，人物畫是主要的繪畫表現方式，曾經承擔過重要的政治和教化功能。所以繪畫在魏晉之前一直是處在一種或實用或教化的「存形」範疇。「線」在這一時期還不具有獨立的審美價值，只是表現形象的附代品，線型還沒有形成一個固定的表現形式。

中國早期繪畫的「線」，主要是為填色而鈎出物象的大體輪廓，《論語》中的「素以為絢」、「繪事後素」，《考工記》中的「凡畫繪之事，後素功」〔註 3〕等，都是指中國先秦時期的一種原始的線描形式。

〔註 2〕張強，中國人物畫學，河南美術出版社，2005：89。

〔註 3〕周禮，冬官，考工記。

《廣雅》曰：

　　　　畫，類也。

《爾雅》云：

　　　　畫，形也。

《歷代名畫記》語：

　　　　丹青之興，比雅頌之述作，美大業之馨香。宣物莫大於言，存

　　形莫善於畫。〔註4〕

　　起源最早的人物畫可追溯到原始社會的岩畫，除刻畫在山石上的「岩畫」外，還有彩陶器物上的裝飾畫，它一般被作爲一種紋飾繪製在陶器等生活用品上，如《舞蹈紋彩陶盆》（圖 7-1-1），其造型雖然極其簡單質樸，但已開始注重反映現實生活，是原始人物畫的淳樸性寫實。

　　春秋戰國時期，統治階層爲了政治需要，有意識地利用繪畫來爲政權服務。相傳孔子參觀周代的明堂，見到壁畫，「周盛時，褒賞功德……獨周公有大勳，勞於天下，乃繪像於明堂之墉」。所以《孔子家語》記載：「孔子觀乎明堂，睹四門墉有堯舜之容，桀紂之像，而各有善惡之狀，興廢之誡焉。」〔註5〕其感慨言說「此周之所以盛也」。就是說，孔子去觀看周代的明堂壁畫，看到牆壁上畫有堯舜桀紂的像，每個畫像都惟妙惟肖地表現出了人物或善或惡的情狀，便知這是周代之所以興盛的原因。孔子讚賞西周利用壁畫等藝術形式宣揚禮制，他認爲繪畫是維護奴隸制的重要手段，也顯示出當時繪畫的教育認識作用。由於這一時期繪畫中線條的作用主要以「存形」爲目的，只是形、色的區分，因此畫家並未對線形作以深入研究。在大量的秦漢墓室壁畫中可以看出，畫家在使用線條時並不關注線型本身的變化，而是在注重表現動態之外而隨意用筆，並無一定的規律及定式。例如，1976 年出土於河南洛陽卜千秋墓主室脊頂的西漢壁畫伏羲女媧圖，人物的線條中間粗兩端細，明顯可看出是由於毛筆的特性所帶來的行筆較快無控制運筆效果，（圖 8-1-1）同屬於此類的用線形式，還有 1986 年遼寧省遼陽市北園 3 號東漢墓，墓室西墓門東側門柱西壁的壁畫（圖 8-1-2）等。而在 1931 年出土於遼寧金縣營城子前牧城驛東漢墓主室南壁的人物壁畫（圖 8-1-3）及甘肅省博物館所藏的東漢木質彩繪《二女圖》〔註6〕中，畫家的用筆在行筆時對速度稍有控制，線

〔註4〕　張彥遠，歷代名畫記，卷第一，敘畫之源流。
〔註5〕　王肅注，孔子家語，上海古籍出版社，1990：80～81。
〔註6〕　洪再新，中國美術史圖像手冊——繪畫卷，中國美術學院出版社，2005：21。

型略有粗細趨同現象,但是可以看出畫家並無有意的對線型本身進行設計的主觀意圖。

在這一時期表現人物的美術作品中,1949 年及 1973 年在湖南長沙楚墓出土的兩幅帛畫《龍鳳人物圖》和《人物御龍圖》,是迄今發現最早的獨幅人物畫作品,由於其材質及所出墓葬等級的原因,基本可斷定是當時高級別的人物畫家所爲。

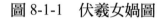

圖 8-1-1 伏羲女媧圖

西漢昭宣時期,河南洛陽卜千秋墓出土,源自:洪再新,中國美術史圖像手冊 ──繪畫卷,中國美術學院出版社,2005:22。

圖 8-1-2　門卒　　　　　　　　　圖 8-1-3　門衛

東漢晚期，遼寧省遼陽市北園 3 號東漢墓出土，源自：洪再新，中國美術史圖像手冊——繪畫卷，中國美術學院出版社，2005：27。

東漢前期，遼寧金縣營城子前牧城驛漢墓出土，源自：洪再新，中國美術史圖像手冊——繪畫卷，中國美術學院出版社，2005：24。

　　《人物御龍圖》（圖 8-1-4）畫一男子（或曰墓主人）頭戴高冠，側身而立，身穿長袍，腰佩長劍，手執轡繩，正駕著一龍舟昇天的景象。《龍鳳人物圖》是表現巫女（也有人認爲圖中人物是墓主人）爲墓主人祝福，龍鳳引導墓主人昇天的內容。在屈原的詩文中也有類似的內容，是楚人喪葬的習俗。圖中婦女側面而立，頭後挽一髮髻，並繫有飾物。長裙曳地，腰身纖細，雙手合十，神情虔誠安詳。在她的上方畫有一龍一鳳，形態矯健，動感極強。此圖以墨線勾描，具有一定的裝飾性。人物的唇口和衣袖還有施朱痕跡。因圖中婦女細腰的形象與「楚王好細腰」的記載相符。由此也可基本斷定，其

爲一幅寫實性作品﹝註7﹞。這兩幅人物畫的認識功能較突出，說明了這種寫實能力得到了進一步的發展，也是戰國時期楚文化在繪畫上的體現。畫家對線的使用較爲單一，屬於高古遊絲描。對這兩幅帛畫的線型仔細觀察會發現其線型的表現並不規範，略有不規律的粗細變化，但這種變化並不是畫家有意爲之，與同時期的壁畫相比，可以看出畫家在試圖尋求一種規範性的筆法，線型逐漸顯示出較爲規整的統一性。

圖 8-1-4　長沙楚墓，「人物御龍圖」局部

帛畫，源自：劉樺、金濤主編，中國人物畫全集，京華出版社，2001：004。

在魏晉以前的繪畫中很明顯可以看出，畫家的關注點並非放在線型上。依形取象，在用筆上被動地受特定形象所制約，只是借輪廓線來框定形體，在形體的轉折部位並未利用毛筆的特性而保持線型的平均，可以看出，這種用線只起到一個把握形體，劃分色界的作用。由於此時的畫家只關注用線所框定的形象內容，線條本身並無實際意義，所以，此時的畫家也就無從對線型加以定義，更談不上會主動對線型進行深入研究了。

人物畫在初期的實用或教化功能，一方面反映了當時的社會現實，也使

﹝註7﹞張冠印，中國人物畫史，文化藝術出版社，2002：9～10。

得統治階層逐漸重視繪畫的作用，上行下效，必然會促進繪畫的發展。同時
由於漢代在繪畫方面進行了大量的藝術實踐和理論上的探索，也使得人物畫
得到了進一步的豐富，並在逐漸意識到線在繪畫造型的表現中具有一定的輔
助作用。至魏晉南北朝時期，由於畫家對繪畫技法及觀念的深入探索，促生
了中國人物畫史上的第一批傑出的專業人物畫家及理論家，如：謝赫、曹不
興、衛協、顧愷之等。

二、魏晉南北朝的線型特徵

　　魏晉南北朝時期是中國繪畫線型的重要轉折時期，從魏晉時期開始，人
物畫畫家得以從「教化」與「存形」的桎梏中解脫出來，畫家開始逐步關注
線型在繪畫中的表現作用，對線型的從新認識也是這一時期畫家的重要追
求，其中最具代表的筆法理論就是「骨法用筆」。

　　《古畫品錄》〔註8〕是南北朝時南齊著名畫家謝赫的重要著作，他所提出
的「骨法用筆」是中國古代繪畫中對線的運用標準。

　　「骨法，用筆是也。」六法中對「骨法」作了有限的規定，繪畫中的「用
筆」相當於古代相人術中的「骨法」。正是這一限定，明確了「筆」在中國繪
畫中的特定含義，奠定了以「筆」為支柱的一系列理論構架。「用筆」最初似
由對「塊面」與「線條」的認識而劃分。乃至魏晉六朝，都是先用線描「畫」
出形體，然後在用色平塗或略事暈染而「繪」成。這樣「線」便構成了形體
的基本結構及基本骨架，故而「骨法」即線描用筆。

　　謝赫之後的唐人張彥遠在《歷代名畫記》中明確指出，畫家必須能夠通
過「用筆」的一定手段來達到「氣韻生動」，〔註9〕兩者密切相關，相伴共生，
從而更加提高了「骨法用筆」在古代中國繪畫當中的地位。不僅如此，張彥
遠還提出「骨氣、形似，皆本於立意而歸乎用筆」〔註10〕的主張，進而使得
「骨法用筆」成為中國繪畫的根本所在。

　　成功的畫家不僅要表現出所繪對象的體貌特徵，更要體現出人物的神采
與氣質。這就不可避免的需要一種適合畫面要求並能被社會接受的先進的線
型表現形式。值得說明的是，當時的畫家在對線形的理解上還處於起始階段，

〔註8〕　《古畫品錄》原名為《畫品》，宋代以後始稱為《古畫品錄》，並成為通用名。
〔註9〕　張彥遠，歷代名畫記，卷一，論畫六法。
〔註10〕　張彥遠，歷代名畫記，卷一，論畫六法。

從無規則的用線方式的大氛圍下，能夠畫出標準的、圓潤的持續平滑的線條就是一個畫家進步的追求。其時的畫家們在經過傳承前人技法與新的實踐相互促進，逐步校正前人繪畫對物體外型的放縱勾勒方法，改良「高古遊絲描」的隨意性，形成了較為統一規範的線描方式——「鐵線描」。

　　從現已發現魏晉南北朝斷代明確的遺存中，我們可以清晰的看出這種將無規則的用筆向標準的統一粗細的線形交叉演進的軌跡。1997 年在甘肅省酒泉市城西果園鄉丁家閘村的丁家閘十六國墓壁畫中勾畫人物的線型（圖8-1-5）及現藏於嘉峪關市文物管理所的磚畫中人物線型，（圖 8-1-6）都還延續秦漢線條恣意縱橫的用線慣性。東晉之後，這種隨意性較強的無規則用線方式逐步被以中鋒用筆所繪出較標準的匀速平行線形所取代。例如，固原博物館所藏的北魏漆棺彩繪《孝子圖》（圖 8-1-7）中的人物線型；山西省博物館暨大同市博物館分藏的屏風漆畫《列女古賢圖》；（圖 8-1-8）北周天和四年，李賢墓墓室前壁東側的《武士圖》；（圖 8-1-9）1979-1981 年發掘的山西太原王郭村婁睿墓墓道西壁《儀衛出行圖》（圖 8-1-10）中的粗細相同的匀速線形。

圖 8-1-5　羽人

丁家閘十六國墓壁畫，源自：中國古代壁畫精華叢書——甘肅丁家閘十六國墓壁畫，重慶出版社，1999：12。

圖 8-1-6　進食圖

魏晉，磚質彩墨，現藏於嘉峪關市文物管理所，源自：洪再新，中國美
術史圖像手冊——繪畫卷，中國美術學院出版社，2005：45。

圖 8-1-7　孝子圖

北魏，漆棺彩繪，固原博物館藏，源自：洪再新，中國美術史圖像手冊
——繪畫卷，中國美術學院出版社，2005：51。

圖 8-1-8 「列女古賢圖」局部

屏風漆畫，山西省博物館暨大同市博物館藏。

圖 8-1-9 武士圖

北周天和四年，李賢墓墓室前壁東側壁畫，李杰攝。

圖 8-1-10　「儀衛出行圖」局部

北齊，山西太原王郭村婁睿墓墓道西壁壁畫，源自：太原市文物考古研
究所，北齊婁睿墓，文物出版社，2004：圖版。

　　中國古代繪畫中的「線」，在魏晉之後產生了質的變化。在此之後，「線」
雖然還是傳統的線描方式，但其中已灌注了更多的精神內質，同時由於書法
用筆的介入，人物畫中的線型對刻畫人物內心活動與表情動態的一致性和複
雜性具有相當重要的作用。〔註11〕這種線型的質變，還有一個外在因素對其
施加影響，魏晉南北朝之時，由西域傳入的印度暈染畫法逐漸被大眾所接受，
它所帶來的重視人物體積結構的觀念對當時的畫家產生了強烈的影響。這種
外來新鮮的視覺衝擊使畫家不得不對以往所畫人物的概念化形象作以檢討，
並在繪畫時對人物的結構體積加以強調。為了使形體更加準確，畫家必然會
使行筆的速度放慢，這樣，就改變了以往因行筆速度快所帶來的線型不規則
的粗細變化，使線型逐步趨於規範，而當粗細相同的規範線型被普遍接受時
也就形成了平行勻速的鐵線描定式。

　　至此，中國繪畫中的「線」已經不是西方幾何學中所謂的「線」了，而
是在特定的用筆方式即「描」法中所造就的基本造型元素，其自身的規範化

〔註11〕彭修銀，中國繪畫藝術論，山西教育出版社，2001：17。

形式成了中國繪畫中最早定型的藝術處理手段。就線條而言，它最初是作為一種零件存在於線群之中，本身尚談不上獨立的價值，魏晉南北朝之後，畫家把用筆可能出現的棱角削去，即把為刻畫形體時偶然出現的點、畫改造成一種標準的恒定形狀。這就導致了對用筆技巧的自覺講究。它已不僅僅是民間畫工熟練且放蕩不羈的用筆，而是一種有所規定的筆勢內斂、藏頭護尾，行筆沉著且蓄力、流利的新的技巧。在一般畫工們熟練的用筆中，線條鋒芒較露，向外盡瀉而內蘊全無；而在這種新的線型技巧中，對用筆的速度及力量加以限定，也就是說對外放力量加以控制，使力量蘊含於用筆當中。所以，儘管限制多了，不能像以前那樣縱橫用筆了，但畫出來的線精氣內斂，飽含著充滿力量且流動不滯的活潑潑的內在生機。顯然只有這種描法才是「緊勁連綿，循環超忽」而「全神氣」的。這樣用筆才附上了「我」的因素、「文」的色彩，漸漸產生了線型自身的形式價值，進而進入上層文化，成為以後中國繪畫的靈魂。

由於用筆的收和放對形象神情勢態的描繪起到了促進的作用，因而不但對於人物，就是對於各種陪襯的動物的描繪也較之漢畫有了更進一步的對神情勢態上的把握，使它們彷彿也有了魏晉「風骨」。

實際上，畫中的「風」和「骨」都要歸於用筆，到了張彥遠時代才在理論上形成了完全自覺，即張氏《論畫六法》所謂：「夫象物必在於形似，形似須全其骨氣；骨氣皆本於立意，而歸乎用筆。」從魏晉繪畫來看，畫中之「意」較多局限於「風骨」這層含義，所以也可以說，他們在實際上已注意到「風骨」和「筆」的關係了。原來表之於形見之於體的與人的才能、壽夭、賢愚、善惡以及與個人在社會中的貴賤、貧富、禍福等有關的「骨相」，從形象的神采與風度氣韻歸結到造型元素的線群中，再容納於繪畫自身的「用筆」上，因此線型自身的審美意義才在畫面中體現而出。

三、「鐵線描」程式

唐王朝是中國古代繪畫全面發展的鼎盛時期，人物、山水、花鳥畫都獲得了新成就。作為逐漸成熟並開始獨立的山水、花鳥畫，在唐代還只是初成階段，而人物畫則經歷了長期的發展，融合秦漢的純樸豪放、魏晉的含蓄雋永，進入了一個精湛瑰麗的新時期。

唐代初期具有豐富學識而又技藝傑出的畫家，首先推閻立德、閻立本等

人。歸納起來，閻立本在繼承前人成就的基礎上，對於初唐人物畫線型發展
作出了相當大的貢獻。首先，他將前代平行用筆、粗細相同的筆法提升至程
式化的鐵線描描法，並以規範的筆法與人物造型完美結合，以傳統的造型模
式與筆法，通過更深入細緻地把握，進一步將人物的神情與形象統一地表現
出來，將魏晉以來有關「傳神」理論的敘述轉化成一種可被規範的技法，促
進了人物畫的獨立發展。而在用線方面閻立本將鐵線描運用的更為程式化，
線型更為優美。這些基本手法對後世中國人物畫的處理有很大的推動。（圖
8-1-11）

圖 8-1-11　傳閻立本

歷代帝王圖卷之漢昭帝劉弗陵。

　　鐵線描筆法在初唐畫家中廣為流行，成為代表性程式化技法。在這一時
期可考的人物圖像中，幾乎均採用這種平行用筆的鐵線描線型。將其與南北
朝時期的平行線型相較，顯得更富有力度，剛勁而有彈性，充分體現出中鋒
用筆的沉著凝練。例如，在成於 663 年的新城長公主墓第五過洞西壁北開間
〔註 12〕及甬道東壁北開間〔註 13〕壁畫中的侍女，畫家將鐵線描的筆法運用

〔註 12〕陝西省考古研究所，壁上丹青——陝西出土壁畫集（下），科學出版社，2008：227。

的相當熟練，線型規範、疏朗、均勻，行筆順暢，轉折處中鋒用筆的筆鋒調轉自如；在成於 689 年的李晦墓西側室東壁北部的捧罐侍女〔註 14〕（圖8-1-12）和西側室北壁東端的捧包袱侍女壁畫中，畫家的用筆凝重、練達極具線型質感，其中最爲代表的當屬景雲二年（711 年）章懷太子墓墓道東壁的「禮賓圖」。（圖 8-1-13）唐初李壽墓（631 年）石槨人物線刻的線型，比南北朝時期的線刻線型相對較粗一些，，也較方正平直一些，富有較強的剛性和彈性，顯見出初唐時期的人物畫家比較注重線條在畫面表現中的顯要作用。（圖 8-1-14）而鄭仁泰墓石槨〔註 15〕和契苾明墓石槨人物線刻的線型，除了粗細與李壽墓相同之外，其線型顯得更爲圓潤順滑。

圖 8-1-12　李晦墓西側室北壁東端的捧包袱侍女局部

源自：壁上丹青——陝西出土壁畫集（下）：249。

〔註 13〕陝西省考古研究所，壁上丹青——陝西出土壁畫集（下），科學出版社，2008：230。
〔註 14〕陝西省考古研究所，壁上丹青——陝西出土壁畫集（下），科學出版社，2008：251。
〔註 15〕李杰，勒石與勾描——唐代石槨人物線刻的繪畫風格學研究，人民美術出版社，2012：269。

圖 8-1-13　章懷太子墓禮賓圖

源自：洪再新，中國美術史圖像手冊——繪畫卷，中國美術學院出版社，
200：124。

圖 8-1-14　李壽墓石槨坐姿伎樂圖局部

源自：西安碑林博物館，西安碑林全集，一零二卷，石刻線畫，廣東經
濟出版社，1999：33。

　　武周之後的線型依然持續類似章懷太子墓「禮賓圖」凝重飽滿的鐵線描線型，特別是在永泰公主墓（706 年）和韋洞墓（708 年）（圖 8-1-15）壁畫中表現的相當充分，並且極富裝飾性。

圖 8-1-15　韋洞墓石槨捧罐侍女圖

源自：陝西省文物管理委員會，長安縣南里王村唐韋洞墓發掘記，文物，1959，8：11。

四、盛唐的變速線型

1、蓴菜條

　　畫史中關於線型的轉變當首推吳道子的「蓴菜條」，亦與唐代墓室壁畫的線型變化相吻合。這種看似巧合的現象，實際上是中國繪畫線性發展的必然結果。玄宗初，由於中國線形繪畫造型形式發展至突出表現人物結構階段，而傳統的粗細相同的鐵線描，也須尋求變化來適應表現人物結構的形式要

求，線型在處理轉折關係上，顯然已經可以利用粗細的變化來體現凸凹質感。

雖然現在還沒有確認的吳道子作品，但「吳家樣」的風格形式在玄宗時期流行是不用質疑的。我們可以用畫史中關於「蓴菜條」線型的相關描述與同時期的確定作品進行比對，或可清楚的看清這一時期的線型變化。

盛唐時期的畫家吳道子，被後來的畫工視爲「畫聖」，並以其技藝法度之高妙受到各階層人士，包括文人學士們的賞識。關於吳道子的代表性筆法「蓴菜條」，最早由米芾所提出，他在《畫史》中曾語：

> 王防，字元規，家二天王，皆是吳之入神畫。行筆磊落揮霍，
> 如蓴菜條，圓潤折算，方圓凸凹。〔註16〕

那麼，蓴菜條到底是一種什麼樣的筆法呢？首先，它應是與「行筆差細」的粗細相同的鐵線描線型對比而言，類似蓴菜形狀的線條。

蓴菜，又名水葵，睡蓮科。（圖 8-1-16-A）《現代漢語詞典》解釋爲：「多年生水草，葉子橢圓形。」然而這種橢圓形的小葉只有長一釐米左右，寬不到一釐米，將這種形狀的葉與繪畫中的線條相比較，即便是捲縮起的蓴菜也顯得粗短，其莖通長無粗細變化，〔註17〕顯然無法與繪畫中粗細變化的線條相對應。那麼，米芾爲什麼會將吳道子的筆法要與說成「蓴菜條」呢？這主要是由於古人與現代人在詞義上的不同理解所產生的歧義，使得後人望文生義而造成了對「蓴菜條」的曲解。

在《古代漢語字典》中，蓴，又通蓴，並且其音也相同〔註18〕。許愼在《說文解字義證》中說：「蓴，蒲叢也。」清代王念孫疏：「蒲草叢生於水則謂之蓴。」由此可知，「蓴」即是蒲草。《古代漢語字典》解釋：「蒲爲草名，香蒲，一種水生草本植物，莖可織席。（圖 8-1-16-B）《辭海》中描述其形狀爲：「葉片狹長，長線形。」這種蒲草，在中國北方多見，亦稱蒲葦〔註19〕，俗稱水柳，多連片生長，葉高一米左右，葉中部寬約一釐米左右，越往頂端越窄，頂端呈尖狀，粗端向細端變化舒緩。

將玄宗初的線型與這兩種植物相比照，很明顯蒲草的形狀與當時流行的

〔註16〕〔宋〕米芾，畫史，於安瀾編，畫品叢書，上海人民美術出版社，1982：190。

〔註17〕趙明榮先生認爲吳道子的筆法應是「蓴菜莖」形的描法。此說顯然有誤。趙明榮，「畫聖」是這樣煉成的，美術報，2003，12，27：24。

〔註18〕嚴廷德、鄭紅編，古代漢語字典，四川出版集團、四川辭書出版社，2006：81。

〔註19〕古詩爲焦仲卿妻作（孔雀東南飛）：「蒲葦紉如絲，磐石無轉移。」

「蓴菜條」線型（圖 8-1-16-C）相類似，顯然米芾所指的「蓴菜條」即是蒲草。此外明代周履清在其《天行道貌》中亦說吳道子的描法是「柳葉描」〔註20〕，而柳葉的形狀亦與蒲草相似。

图 8-1-16　蓴菜、蒲草、線型對比圖

A、B　C

A、蓴菜；B、蒲草；C、李邕墓（727 年）第三過洞東壁南部壁畫侍女長裙線型，源自：陝西省考古研究院，壁上丹青──陝西出土壁畫集（下），科學出版社，2008：317。

關於「蓴菜條」線型的描述，米芾曰：

　　　圓潤折算，方圓凸凹。

湯垕詳解爲：

　　　方圓平正，高下曲直，折算停分，莫不如意。

清甘運源說：

　　　（吳道子）筆法圓勁似篆籀。〔註21〕

根據以上的描述，蓴菜條的線型既是中鋒用筆，粗細有變化卻不懸殊，環繞圓潤，遒勁有利，具有很強的彈性。這種線型與薛儆墓壁畫的線型非常吻合。（圖 8-1-17）

〔註20〕〔明〕周履清，天行道貌，俞劍華，中國畫論類編，人民美術出版社，1986：496。

〔註21〕〔清〕李濬之，清畫家詩史（丁上），中國書店，1990：175。

圖 8-1-17　薛儆墓石槨外壁北向東間線刻局部

源自：山西省考古研究所，唐代薛儆墓發掘報告：圖版 093。

還有另有一種說法，「蓴菜條」的粗細變化是以書法中捺筆的側峰筆法繪出，其依據是段成式在平康坊菩提寺觀吳道子壁畫時的一句描述，《酉陽雜俎》曰：

> 食堂前東壁上吳道玄畫《智度論》色偈變，偈是吳自題，筆跡
> 遒勁如磔鬼神毛髮。〔註22〕

這段話中的最後一句大多被斷爲「筆跡遒勁如磔，鬼神毛髮。」「磔」字在辭書中解釋的其中一條爲：漢字向右斜下的筆劃；捺。《夢溪筆談補·藝文》：作字亦然，雖形氣不同，掠須是掠，磔須是磔，千變萬化。〔註23〕如按此斷，「蓴菜條」既是側峰筆法。

然而，如按此斷句，後面的「鬼神毛髮」四字就顯得非常突兀。「磔」字在辭書中還有另一解釋，就是肢解酷刑或凌遲處死的意思，《舊五代史》莊宗紀載：「李嗣源遣使部送潞州叛將楊立等到闕，並磔於市。」〔註24〕如此句中

〔註22〕段成式，酉陽雜俎，平康坊菩提寺。
〔註23〕嚴廷德、鄭紅編，古代漢語字典，四川出版集團、四川辭書出版社，2006：
　　　　733。
〔註24〕嚴廷德、鄭紅編，古代漢語字典，四川出版集團、四川辭書出版社，2006：

的「磔」字是酷刑的意思，那麼，這句話就應是這樣斷句：「筆跡遒勁，如磔鬼神毛髮。」如此，不但語句較爲通順，而且其意思也就明確了。這樣看來，段成式的這段話中，並沒有說吳道子的用筆有側峰的跡象。並且，在已確定的盛唐平面作品中的線型也沒有側峰的表現。

通過以上分析，基本可看出盛唐時期流行的「蓴荣條」線型的形狀，但這種線型並不是在吳道子中年時期才出現的，而是在吳道子青年時期就已有了這種線型的應用。例如，節愍太子墓（710年）甬道東壁壁畫〔註25〕和咸陽市底張灣萬泉縣主薛氏墓（710年）甬道西壁端饅頭男侍圖〔註26〕和樂舞圖（圖 8-1-18）壁畫中所施用的線型，既是這種中鋒用筆、粗細不同的線型。只是發展至盛唐之後，「蓴荣條」式線型逐漸流行起來，因此線型變得更加規範，線條之間相對統一，此階段的薛儆墓石槨線刻中的線與線之間的粗細基本相同，線型的變化比例也較統一。（圖 8-1-19）此外，成於開元時期，道教天尊造像碑碑座供養人像的線刻線型，雖然不如薛儆墓石槨人物線刻線型規範、成熟，但依然可以看出屬於相同的用線程式。

圖 8-1-18　咸陽市底張灣萬泉縣主薛氏墓甬道樂舞圖局部

源自：中國美術全集編輯委員會，中國美術全集——繪畫編，13 集，墓室壁畫，文物出版社：圖版 122。

732～733。

〔註25〕陝西省考古研究院，壁上丹青——陝西出土壁畫集（下），科學出版社，2008：291。

〔註26〕申秦雁主編，神韻與輝煌——陝西歷史博物館國寶鑒賞·唐墓壁畫卷，三秦出版社，2006：202。

圖8-1-19　薛儆墓石槨內壁西向中間線刻

源自：山西省考古研究所，唐代薛儆墓發掘報告：圖版五六。

「蓴菜條」式線型雖然有粗細的變化，但還是屬平行用筆，只是在鐵線描勻速行筆的基礎上，將行筆的速度加快。從這一時期的線型可以看出，雖然入筆與出筆較細而中間較粗，這主要是由於運腕中毛筆所產生的自然效果，其運筆的速度還是比較平均的。

從米芾所說的「行筆磊落揮霍」和《太平廣記》中所描述的「及下筆之時，望者如堵，風落電轉。」〔註27〕的描述中可知，吳道子在作畫時速度非常快，顯然「蓴菜條」式線型並沒有提按用筆的現象，如果在運筆當中有

〔註27〕太平廣記，卷第二百一十二，畫三，吳道玄。

提按的動作，則必然會影響行筆的速度，也就不可能有「揮霍」和「風落電轉」的情景產生。在成於 727 年的李邕墓壁畫（圖 8-1-20）中，可以看出，因行筆速度加快、線條恣意流暢，所形成的「數尺飛動」〔註28〕、「滿壁風動」〔註29〕的畫面效果。

圖 8-1-20　李邕墓第三過洞東壁南部壁畫

源自：陝西省考古研究院，壁上丹青──陝西出土壁畫集（下），科學出版社，2008：317。

南北朝至初唐期間，中國傳統畫家一直追求著極度規範的線形程式，以至於形成了初唐以閻立本為代表的粗細均勻流暢的鐵線描線型規制。雖然鐵線描線型優美、沉著，但是，這種規範了的線型形式在行筆時則比較僵化，極大的限制了畫家的主觀表現的欲望。而具有個性的畫家在完成自我實現的

〔註28〕張彥遠，歷代名畫記，卷二，論顧陸張吳用筆。
〔註29〕段成式，寺塔記，菩提寺食堂。

時候，必然會在陳規中尋找一個突破口，吳道子就是以改變當時的程式化線型，作爲其繪畫轉變當中的突破之一。然而，「蓴菜條」式的入筆、粗筆細，中間粗的線型，並不是吳道子所憑空創造的，我們可以從魏晉之前的恣意性線型中找到根源，將早期傳統線型與此時的線型相對照，兩者線型的行筆方式是相同的。例如，出土於甘肅高臺縣駱駝城墓群的畫像磚畫，（圖 8-1-21）其線描的線型也是中間粗兩端細。可以想見，玄宗時期的畫家，在規範的鐵線描的長期禁錮之下，理應嚮往這種早期人物繪畫中的恣意放達的線型表達方式。所以，此時出現了以吳道子爲代表的「蓴菜條」式的線型也就不足爲怪了。

圖 8-1-21　甘肅高臺魏晉人物畫像磚

源自：袁融主編，中國古代壁畫精華叢書——甘肅高臺魏晉墓，重慶出版社，1999：16。

　　魏晉之前的隨意性線型看似與盛唐的「蓴菜條」式線型非常相似，其實兩者有著本質性的區別。如將這兩種線型放在一起來看，魏晉之前的線型由於只是作爲框形的作用，並無規則可言，此外，早期的畫家的身份基本上都是底層畫匠，文化水平較低，絕少會書、畫同攻。所以線條顯得飄忽、虛浮，直觀來看，給人以漂浮於畫面之上的感覺。（圖 8-1-22）而盛唐時期的「蓴菜條」式線型，是在以「骨法用筆」爲內涵的鐵線描基礎之上演化而來，線型

自然會有入木三分的力度。唐代的畫家雖還多爲「匠作」，但是他們的社會地位已大大提高，並且還可以畫入仕。此時畫家的文化修養以非早期畫匠可比，書、畫同攻的畫家比比皆是，就如吳道子，在 20 歲左右時就拜當時的書法高手張旭〔註 30〕、賀知章爲師。張旭的書法始化於張芝、二王一路，以草書成就最高，其書法瀟灑磊落，打破了魏晉時期拘謹的草書風格，氣勢奔放，運筆無往不收，不求提按帶來粗細變化，而追求行筆使轉與速度變化的線條，於唐代流行的楷書之外特例獨行。（圖 8-1-23）張旭的書法特點與吳道子「揮霍」運筆的線條有著極多相通之處。吳道子的「蓴菜條」在形成期間，必然深受張旭草書的影響。由此看來，張旭的草書筆法很可能就是吳道子「中年」筆法風格產生的主要誘因。

圖 8-1-22　張旭草書

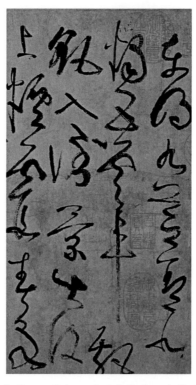

源自：歷代名家墨蹟選──張旭、孫過庭草書，吉林文史出版社，2007：封面。

〔註30〕張彥遠，歷代名畫記，卷第二，論顧陸張吳用筆：「國朝吳道玄，古今獨步，前不見顧、陸，後無來者，授筆法於張旭，此又知書畫用筆同矣。」

圖 8-1-23　薛儆墓石槨內壁西向北間線刻

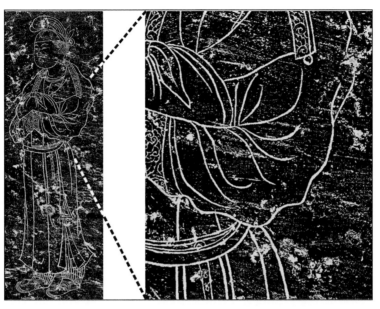

源自：山西省考古研究所，唐代薛儆墓發掘報告：圖版八四。

　　吳道子「蓴菜條」線型的效果產生，與快速行筆有著直接的關係，然而，快速的運筆與線型的統一是一對矛盾，筆速越快，發力與鋒變失控的幾率就越大。在平行線型向粗細不同的線型轉變初期，鐵線描的強制規范用筆得以釋放，畫家不再被慢速的呆板控峰行筆所控制。在早期變法時（睿宗末至玄宗初），雖然在單個線型的形狀上已具備了「蓴菜條」的形制，但是，線條與線條之間的統一性較差，線條之間的粗細和行筆的前後控制上還沒有形成標準。例如，在咸陽市底張鎮萬泉縣主薛氏墓（710 年）甬道西壁《端饅頭男侍圖》中，既有圓領處的平行勻速用筆的鐵線描，又有描畫軀幹的粗細不同的線型，並且這些線條由於控筆力度的不同而造成線條之間的粗細也不盡相同。隨著時間的推移，畫家逐步尋找到了這種線型的筆速、發力與筆鋒最佳配合的「蓴菜條」式的線型程式。這種較為成熟的程式化線型在薛儆墓石槨線刻上表現的極為典型，首先，畫面中的所有線條的粗細比較統一，這也符合傳統繪畫造型形式的線形秩序。另外，線型中間的轉折依然沿用鐵線描式的中鋒調筆的方式，保持轉折處的圓滑順暢，（圖 8-1-23）而魏晉之前的線型在彎弧處則沒用調整筆峰，只是順勢而下，所以在行筆當中自然就會帶出一些側峰筆形。（圖 8-1-21）「蓴菜條」的中鋒發力、轉折調峰的用筆方式，對後

世影響頗深，清代鄭績在《夢幻居畫學簡明》中即言：

> 作大人物衣紋筆要雄，墨要厚，用筆正峰，隨勢起跌，或濃或
> 淡，順筆揮成，毋復改削，庶雄厚中不失文雅。若側筆橫掃，雖似
> 老蒼，實爲粗俗。〔註31〕

　　天寶之後，「蓴菜條」式的線型延續當中又產生了兩種分化，一種是繼續保持這種線形的規範性，並對線型的粗細變化有所減弱，如，1996 年 4 月發掘於西安西郊陝綿十一廠中唐墓甬道東壁北側南向的袖手侍女與持笏文吏壁畫。（圖 8-1-24）而另一種則更加強化線型的粗細變化，並有了向提按線型轉變的前兆，例如，在 1988 年西安韋曲南里王盛唐墓出土的甬道東壁的兩個侍女畫像中的線型，加重了入筆的力度，在行筆中減弱了線形中部的寬度，由入筆順勢細出，形成釘狀線型。（圖 8-1-25）

圖 8-1-24　陝綿十一廠盛唐墓甬道東壁北側南向的袖手侍女與持笏文吏

源自：陝西省考古研究所，壁上丹青——陝西出土壁畫集（下），科學出版社，2008：385。

〔註31〕〔清〕鄭績，夢幻居畫學簡明，俞劍華，中國畫論類編，人民美術出版社，1986：572。

圖 8-1-25　西安韋曲南里王盛唐墓甬道東壁壁畫

源自：申秦雁主編，神韻與輝煌——陝西歷史博物館國寶鑒賞・唐墓壁
畫卷，三秦出版社，2006：222。

　　盛唐時期的「蓴菜條」式線型打破了魏晉之後的畫家們所創造的平行用
筆、統一寬窄的描法，利用筆的起落輕重變化，使已經作爲獨立造型元素的
描法更進一步地豐富起來，成爲統一而有變化的造型語彙。如果說魏晉至初
唐的第一次規範筆法的形成是將用筆規範在「一律統一」的用筆形式當中，
而此時用筆變化成「統一而又自由」的行筆狀態。這一放達的行筆飛躍是解
放用筆的關鍵，也是中國畫用筆能廣泛吸取書法、篆刻等其他藝術元素特徵
而豐富自身表現的前提，更是中國畫用筆體現主體氣質必備條件，這種解除
了嚴格禁錮的用筆形式，不但造就了後來皴、擦、點、染的逐漸發展與開拓，
更造就了傳統中國畫的用筆從「描」走向「寫」的可能性契機。

2、平行線型的精緻表現

　　唐代人物畫自盛唐開始走向全面繁榮，於此同時，並非所有的畫家都追
求用蓴菜條」式的線型，在畫史中可知，當時的畫壇中，例如，張宣、周昉、
陳閎、韓幹、楊寧、楊昇、談皎、李湊等畫家，還是延續鐵線描線型筆法。
其中最爲代表的當屬以繪畫綺羅人物著稱的張宣和周昉。

　　張萱、京兆（今陝西西安）人，生卒年代不詳，開元間爲史館畫直，他
善畫婦女兒童，「於貴公子與閨房之秀最工」〔註32〕，朱景玄在《唐朝名畫錄》

〔註32〕宣和畫譜，卷五。

中說：「張萱好畫貴公子、鞍馬、屏障、宮苑、仕女、名冠於時」。他善於以景物襯托人物情緒，並善於作顏面細部處理，以「朱暈耳根」，使婦女面容靚麗。故而在盛唐時畫貴族人物最負盛名，後世著錄的傳世作品以宮廷生活與婦女的活動爲主。張萱的用筆輕快，線型平滑精緻。（圖 8-1-26）

圖 8-1-26　（傳）唐，張萱《虢國夫人遊春圖》局部

　　張萱之後的畫家周昉「初效張萱，後則小異」。他在神佛、仕女、風情、肖像畫方面均較擅長，還奉詔爲寺院作壁畫，創造了「端嚴」的水月菩薩體，被唐人尊爲佛像畫的「坱本」之一。在肖像畫方面，他更注重人物神態的表現，集中在仕女人物的神似表達上，被後人評爲「畫子女爲古今之冠」，並以此形成盛唐後期的「周家樣」經典樣式。歷代所著錄的周昉作品很多，今存題爲周昉的作品有故宮博物院所藏的《揮扇仕女圖》，遼寧省博物館所藏的《簪花仕女圖》以及流落美國博物館的《調琴啜茗圖》（圖 8-1-27）最爲代表。它們是否爲周昉作品之眞跡，亦有一些不同的看法，但從用筆風格來看，《揮扇仕女圖》和《調琴啜茗圖》用線簡潔，細勁平直，較爲接近，畫面中的直角折筆方式也與同時代的李憲墓甬道西壁南起第 9 位男裝侍女、（圖 7-3-8）唐安公主墓甬道東壁男侍形象，呈硬朗的用線形式類似，比較符合其「衣裳簡勁」的技法。而《簪花仕女圖》則用筆圓滑，無一處「方硬」筆觸，與張萱的用筆風格近似。貞元間（公元 785～805 年間）新羅國人曾在中國的江淮地區

高價收購周昉作品，日本高松冢壁畫仕女酷似張萱、周昉的風格。現藏於日本正倉院的《鳥毛立女屏風》，（圖 8-1-28）其圓滑流暢的用線風格或可代表周昉早期的行筆規則，此外，出土於新疆阿斯塔那 187 號張氏墓《奕棋仕女圖》（圖 8-1-29）的平行線型圓潤、規整，亦是盛唐時期的鐵線描線型程式。

圖 8-1-27　　（傳）周昉，「調琴啜茗圖」局部

圖 8-1-28　　「鳥毛立女屏風」局部

日本奈良時代，現藏於日本正倉院。

圖 8-1-29　新疆阿斯塔那 187 號張氏墓「奕棋仕女圖」局部

源自：中國美術全集編輯委員會，中國美術全集──繪畫編，第 2 輯，
隋唐五代繪畫，人民美術出版社，1984：21。

　　「周家樣」的出現與張萱作出的藝術鋪墊密切相關。更重要的是，在此之前，無論是宮廷畫家還是民間畫工，都在仕女畫的造型上形成了一定的程式，在描法、設色和構圖等表現語言上已達到了相當成熟的水平。如敦煌盛唐時期的許多壁畫上的女性形象是周昉人物畫的前源，同時也存在著周昉與民間畫工之間的交叉影響。因此可以說，「周家樣」並不是周昉憑空臆想的，它有著深廣的社會基礎和雄厚的藝術根柢。

　　將這些盛唐時期人物畫中的鐵線描線型與初唐時期的鐵線描對比，雖然用筆方式同樣是以平行用筆所勾出的寬窄相同的線型，但還可以看出許多不同之處。首先，盛唐中期之後鐵線描線條的寬度要比初唐線條稍細，初唐時

期的線條顯得凝重、渾厚，而盛唐線型則顯得靈動、清秀。顯然盛唐時期的
鐵線描，用筆凝練緊勁，順暢自如，似更多繼承了魏晉用筆的法度而雜以唐
人更爲寫實精細的描繪而成，體現出盛唐至唐末人物畫在平行線型上的精緻
表現。

　　這種鐵線描的精緻表現同樣在與薛儆墓同屬開元後期的阿史那懷道十娃
墓（727 年）石槨人物線刻中得以體現，（圖 8-1-30）其線型依然延續平行用
筆的同寬規範。與初唐線刻不同的是，初唐線型粗壯、凝重，此時的線條變
得細勁、流暢。而在此之前的韋頊墓（718 年）石槨人物線刻中「持鏡少婦」
的線型，（圖 8-1-31）則是這種兩種鐵線描線型的轉折期形態。開元之後的李
憲墓（742 年）（圖 8-1-32）和王賢妃墓（746 年）人物的線型則更加顯得細潤、
飄逸。

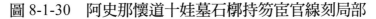

圖 8-1-30　阿史那懷道十娃墓石槨持笏宦官線刻局部

順陵文管所提供。

圖 8-1-31　韋項墓石槨持鏡少婦
　　　　　線刻

圖 8-1-32　李憲墓石槨內壁北向
　　　　　西間壁板拓片

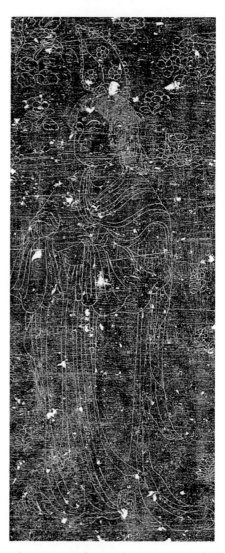

源自：中國畫像石全集——第八卷，河南
美術出版社，2000：127。

源自：陝西省考古研究所，唐李憲墓發
掘報告，科學出版社，2005：209。

五、五代的線型轉化

　　五代繪畫從唐代的一個中心（長安）變爲了三個中心（長安、成都、金陵）並立的局面。長安有深厚的北方貴族文化積累，而西蜀的成都和南唐的金陵由於經濟發達，加上統治者的好尙，人物畫發展的很快。從畫風上來說，成都基本延續了唐代宮廷畫風，金陵則形成了一種平淡樸素的新文化。江南的周文矩、顧閎中；西蜀的貫休、石格與長安畫家一起將唐代所孕育的許許多多的技法變化逐步變爲現實，這些變化爲宋代的技法變革打下了基礎。

　　五代時期的畫家在用線方面綜合了前人的用筆經驗，呈現出多樣化的傾向。皇家畫師顧閎中在延續鐵線描的平行用筆，線條屈鐵如盤，剛柔相濟，圓勁中夾有方筆轉折。建康周文矩，亦是翰林待詔，其用筆、用線，不蹈襲曹仲達、吳道子等人的窠臼。善用李煜（937～978 年）行書筆意〔註33〕，人物衣紋「多顫掣筆」中鋒用筆，轉折處以調峰處理保持線型粗細統一，用線勁健曲折。《唐朝名畫錄》評其作品「用意深遠，於繁富則尤工」。從《文苑圖》〔註 34〕中的「顫筆」衣紋，可見其線條挺健細勁而又略帶頓挫與抖動，漸破唐以來的勻速線型規制。（圖 8-1-33）而與其同時期的畫僧貫休，以畫羅漢稱譽一時，他突破了佛像畫的傳統技法，融入了文人意趣與玩世情調。畫法繼承閻立本、吳道子、周肪三家，而又吸取尉遲乙僧的意趣〔註 35〕，其鐵線描的平行用筆圓拙勁力，線條盤旋曲折遒勁。特別是 1978 年 4 月蘇州瑞光寺塔第三層塔宮發現的四天王木函彩畫，其用筆將蓴荽條的粗細變化極度放大，只是還未形成行筆規範，運筆較爲隨意。（圖 8-1-34）

〔註33〕李煜（937～978 年），南唐後主，字重光，酷愛書畫。擅長行書，喜歡使用那
　　　　種虬曲而顫動的筆法寫字，被稱爲「金錯刀」。

〔註34〕此圖原題「韓幌文苑圖」，但其筆墨風格不同於唐畫，而構圖、人物卻與現藏
　　　　美國大都會博物館的周文矩《琉璃堂人物圖卷》摹本後半段毫無二致，且其
　　　　行筆勁瘦有力，比摹本更勁挺，與畫史記載周文矩「衣紋作戰筆，行筆瘦硬
　　　　成摯」完全符合。所以此圖應是周文矩作品被割裂的殘本。

〔註35〕張冠印，中國人物畫史，文化藝術出版社，2002：96。

圖 8-1-33　（傳）周文矩，「文苑圖」局部

源自：中國美術全集編輯委員會，中國美術全集──繪畫編，第 2 輯，
隋唐五代繪畫，人民美術出版社，1984：圖版六三。

圖 8-1-34　四天王木函彩畫局部

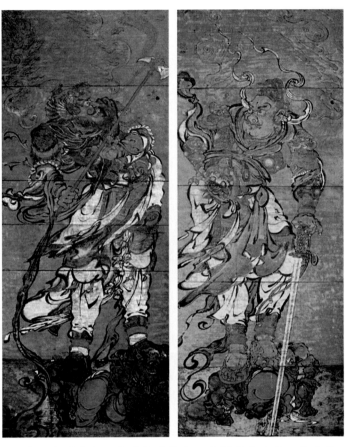

五代，源自：中國美術全集編輯委員會，中國美術全集，繪畫編　2，隋
唐五代繪畫，人民美術出版社，1984：172。

六、提按線型的開端

　　宋代在對繪畫的宣教作用相當重視，並對佛教和道教也採取尊崇和利用
政策。由此便產生了有史以來規模巨大的畫院制度。宋代院畫院體制完善，
規模宏大，在中國歷史上是史無前例的。院體畫的最大特點是講究對物體的
仔細觀察和精確描繪，成立於元豐年間的「畫學」具有規範的入學制度，通
過考試招收民間畫工和畫家進入「畫學」。考試內容分經義和畫義兩大類，
考試合格者進入「畫學」進行系統學習。大觀元年之後，「畫學」與「畫院」
合併分科進行培訓。《宋史》記載：「畫學之業、曰佛道、曰人物、曰山水、
曰鳥獸、曰花竹、曰屋木。以《說文》、《爾雅》、《方言》、《釋名》教授。」

〔註36〕可見當時的畫院十分重視學生的綜合素質的培養。

「畫學」分外舍、內舍、上舍三個階段，升遷考核不僅要繪畫技巧還要考核學生文化經義知識。「夫以畫學之取人，取其意思超拔者為上，亦尤科舉之取士，取其文才角出者為優。二者之試，雖下筆有所不同，而得失之際，只較智與不智而已。」〔註37〕畫院的一系列的相關措施讓畫院的畫家在知識結構上發生了明顯的變化，從而間接的提高了自身的地位。

宋代人物畫大致分為四個階段：

（1）宋初一百餘年，基本延續唐、五代傳統，尚未形成宋人自己的時代風貌。道釋人物畫仍不出唐代張家樣、吳家樣規範，這說明宋初繼承的傳統是唐代中原藝術以及能體現唐代貴族文化特色的西蜀藝術。〔註38〕

（2）北宋中期（熙寧和元豐之際），出現了以李公麟為代表的白描人物畫，無論在內容、技法還是情趣上都與唐代拉開了距離，以蘇軾、文同和米芾為代表的文人士大夫繪畫潮流，也形成於此時。隨著宋朝立國日久，江南文化潛移默化地滲入了中原文化，帶來一種嶄新的筆法與趣味，並終於融合形成了宋代人物繪畫的新面貌。

（3）徽宗、高宗時期，是宋代宮廷畫院最為繁榮的時期，富麗精整的貴族藝術達到了整個中國繪畫歷史的頂峰。

（4）孝宗以後的南宋後期，梁楷、牧溪等的水墨、減筆開創了之後元明清寫意畫的風氣。

北宋中期的美術史家郭若虛出於敏銳的歷史感，寫下了這樣一段話：「若論佛道人物，士女牛馬，則近不如古。若論山水林石，花竹禽魚，則古不及近」。〔註39〕就發展速度與風格演進而言，宋代人物畫不及唐代。宋代人物畫正如同長於說理的宋詩也能體現其時代特點，但成就不如唐詩，而詞卻能體現宋人的詩才一樣，宋代的人物畫也真切地反映出這個時代人們生活與心理變化。但於意氣飛揚的六朝人物畫、與大氣磅礡的唐代人物畫相比，藝術格調稍遜一籌。

然而從人物畫線形的發展來看，宋代卻是線型的轉化與提速時期，規範化的畫院基礎教育制度造就了一大批高素質的用線高手。畫師們在不能自主

〔註36〕宋史，卷一百五十七。
〔註37〕畫繼，卷十。
〔註38〕薛永年，中國繪畫的歷史與審美鑒賞，中國人民大學出版社，2000：138。
〔註39〕〔宋〕郭若虛，圖畫見聞志，卷第一，敘論，論古今優劣。

決定繪畫題材的同時，只能寄情於線形的提升與變化。宋代道釋人物畫家大多繼承唐代吳道子的傳統，北宋武宗元〔註 40〕所繪的《朝元仙仗圖》，描繪道教神仙行列。仙伯、神將、女仙前後簇擁著五方帝君，去朝見天上最高神的情況，女仙則輕盈端麗，儀仗、姿態、頭飾變化有序，效果完整而統一，是唐代以來流行的壁畫形式。畫中人物不施粉彩，線條繁複重疊，風格典雅細膩，流暢飄逸，體現了天衣飛揚、滿壁風動的特點，頗有吳道子繪畫遺意。從畫中的線型已明顯可以看出，畫家已熟練掌握了提按行筆，雖然整體線條類似「蓴菜條」式線型，但從線條的起筆和收筆可以看出，在橫向平行行筆之外明確地加入了縱向上下的頓挫行筆軌跡。（圖 8-1-35）

圖 8-1-35　「朝元仙仗圖」局部

宋，武宗元

〔註40〕 武宗元，（？～1050年）初名宗道，字總之。河南白波（今河南孟津）人。家世業儒，官至虞部員外郎。工人物、佛道、鬼神，師吳道子法，行筆如流水，神采活動，大抵如寫草書，筆術精高。年十七即能畫北邙山老子廟壁，頗稱「精絕」。嘗於洛陽上清宮畫三十六天帝，其間赤明陽和天帝畫成宋太宗相貌，眞宗趙恒見之，歎其畫筆之神。曾在廣愛寺見吳道子畫文殊、普賢大象，武由此杜絕人事旬餘，專在廣愛寺刻意臨摹。結果臨摹之畫骨格停分，神觀氣格，大衣纓絡，乘跨部從，與大象不差毫釐，眞靈心妙悟之天才也。景德末，眞宗營建玉清昭應宮，召天下畫師三千，中選者僅百餘人，分爲二部，武宗元任左部之長。後曾在許昌龍興寺畫《帝釋梵王》、經藏院畫《旃檀瑞像》、嵩嶽廟畫《出隊》等畫。傳世作品有《朝元仙仗圖》卷，絹本，墨筆，縱 58 釐米，橫 777.5 釐米，人物形象端莊豐滿，儀態萬方，氣象不凡，無款印，卷後有南宋乾道八年（1172 年）張子璠題跋，並有元代趙孟頫題識，定爲武宗元眞跡，現藏美國王已千先生懷雲樓。

在宋代影響最大的人物畫家非李公麟〔註 41〕莫屬，李公麟受顧愷之的影響較大，〔註 42〕同時又兼學吳道子。「掃去粉黛，淡毫輕墨」的白描，是其最著稱的風格。「白描」是李公麟在前人「白畫」的基礎上，通過自己的實踐總結而形成。他作畫時能大膽地摒棄色彩，僅以單純洗練、樸素自然的線條來表現物象的形貌情態，形成為獨立的、具有高度概括性和表現力的藝術形式，成為可與重彩和水墨淋漓的畫法相抗衡的傳統繪畫樣式之一。具體的說就是依靠線的粗細、曲直、剛柔、輕重而又有韻律變化，對複雜形象與特徵進行概括，這是一種高度簡潔、效果明快的表現手法。其畫風對後世影響巨大，如南宋的賈師古、元代趙子昂的白描皆出自李公麟。明清的仇十洲、陳洪綬、蕭雲從等，都直接繼承他的白描手法，而著稱於畫史。

李公麟的外甥張激〔註 43〕，受其舅父影響，技法採用水墨白描，繼承唐人和北宋李公麟的筆意，而又有所變化，在蘭葉描的基礎上加入提按的行筆，頓挫運筆的運用更加明確與肯定。（圖 8-1-36）再如，時任畫院待詔的李唐〔註 44〕（和任畫院祗侯的賈師古，〔註 45〕均師承李公麟白描畫法，線型

〔註 41〕 李公麟（1040～1106 年），字伯時，號龍眠居士。舒城（今安徽省舒城縣）人。其父李虛一，曾任大理寺丞，喜藏法書名畫，故李公麟自幼即深受藝術薰陶。熙寧三年（1070 年）登進士第，歷任南康、長垣尉，泗州錄事參軍等地方官員，後入京為中書門下省刪定官、御史臺檢法和朝奉郎。元符三年（1100 年）因病退隱家鄉龍眠山莊。李公麟作為一名文人畫家活躍於北宋畫壇。政治上，他未完全捲入當時「黨爭」的漩渦，與新黨的王安石和舊黨的蘇軾、黃庭堅等人均有書畫之交，又是駙馬都尉王詵的座上客。他襟懷超脫，「從仕三十年，未嘗一日忘山林」。其文章有建安風格，書法學習晉、宋人的書風，同時又善於鑒辨鍾鼎古器，博聞強識，是一位有高深修養和多方面才能的藝術家。

〔註 42〕 〔明〕何俊良，四友齋畫論，俞劍華，中國畫論類編，人民美術出版社，1986：110。

〔註 43〕 張激（約公元 11 世紀～12 世紀初），字投子，號投子同叟，生卒年不詳。藝術活動約在北宋哲宗、徽宗時期，晚於李公麟。工人物、佛道、山水，畫法受李公麟影響。傳世作品有《白蓮社圖》卷，紙本，墨筆，縱 34，9 釐米，橫 848，8 釐米，卷後題跋縱 34，9 釐米，橫 406 釐米。該畫描繪東晉元興年間，惠遠在廬山東林寺同 18 位賢士建白蓮社專修淨土法門，並與陸修靜、陶淵明、謝靈運相善故事。後有趙德麟政和六年（1116）、范惇紹興二十九年（1159）及仲遠、趙不緬、孫昌、王秘、李呂、劉揚庭等人題跋 12 段，其中有張激自書一段：「余嘗畫其圖而得此記，大觀三年（1109）正旦，贛川陽行先居士自國錄告假歸玉岩舊隱，見過廬陵云道由匡山得記以歸，借余傳之，伯時德素皆諸舅也。行先遊從之舊，喜得之以證圖畫云。投子張激書。」現藏遼寧省博物館。

〔註 44〕 李唐（約 1049～1130 年，另一說約 1070～1150 年），河陽三城人，字晞古，

轉折棱角分明，頓挫有致，提按變化豐富。

圖 8-1-36　　「白蓮社圖」局部

宋，張激

第二節　時代線型對比

　　通過在上文中對各時期平面人物造型的線型特徵的分析，基本可以推演出一條較爲明晰的人物畫線型發展譜系。「鐵線描」和「蓴菜條」式線型的發生、提煉，在古代傳統繪畫線型發展當中具有特殊的地位與作用。

　　秦漢早期線條的作用只是爲了括形，畫家只關注由人物形式所帶來的情節性表現，線型本身的藝術價值則並未被畫家所重視，所以也就並無明確的線型規範，畫家隨意而爲。

　　「魏晉之後繪畫中的線型產生了質的變化。「線條」中注入了更多的精神內容，並由於繪畫理論的提升，書法用筆的參與，「骨法用筆」的方式逐步顯現出來，這就導致了畫家對用筆技巧的自覺講究。他們一改秦漢以來的放蕩不羈的用筆，創造出一種標準的恒定的粗細相同的線型形狀。它是一種有所規定的筆勢內斂、藏頭護尾，行筆沉著且蓄力、流利的「鐵線描」新技巧。

北宋徽宗朝任職翰林圖畫院，靖康之難後，中原紛亂，建炎年間（1127～1130年）李唐渡江至杭州，高宗紹興年間（1131～1162 年）重建畫院又重入畫院，授成忠郎，爲畫院待詔，賜金帶，代表作「采薇圖」卷，絹本，水墨淡設色，縱 27，2cm，橫 90，5cm。

〔註45〕賈師古汴京（今河南開封）人，在紹興年間（1131～1162 年）任畫院祇侯。師承李公麟白描畫法。

　　初唐時期的畫家將這種粗細相同的鐵線描線型發揮的更加凝練、規矩。時進盛唐，畫家已不滿足於鐵線描所賦予線型的限制，以吳道子爲代表的「蓴菜條」式線型，打破了鐵線描規範僵硬用筆的局限，將用筆變化成「統一而又自由」的行筆狀態。這一放達的行筆飛躍是解放用筆的關鍵，更造就了傳統中國畫的用筆從「描」走向「寫」的可能性契機。

　　盛唐時期，與「蓴菜條」同時的另一派畫家，繼續沿著鐵線描線型繼續發展起來，只是與初唐線型相比，線型更爲流暢、纖細。

　　唐以後的畫家在「蓴菜條」的基礎上逐漸加深了線型在行筆上三維表現能力，李公麟「行雲流水有起倒」的線描形式，流暢、生動又有變化，與前人用線的區別主要表現爲用筆的「起倒」，即行筆的提按、剛柔、徐疾的變化。〔註46〕

　　從各時期線型的具體表現來看，魏晉至唐初的鐵線描線型在運筆的速度上要求勻速的行筆，以保持線型寬窄的統一性，並以此成爲規範。盛唐流行的略有粗細變化的蓴菜條式線型，是在鐵線描的基礎上將勻速行筆變爲變速行筆，這樣就使線型的寬窄有所變化。而北宋之後的線型則在變速線型之上，在運筆時加入了毛筆的垂直提按運行，使用筆的垂直壓力產生變化。用變速行筆代替勻速行筆，並在二維行筆中加入了提按的三維運筆，使線條更加立體起來，線型的變化更加豐富，從而也賦予線型本身具有更加個性的表現力（圖 8-2-1）。

圖 8-2-1　線型行筆示意圖

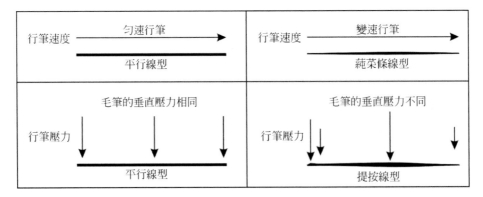

　　究其根本，中國古代人物繪畫的用線軌跡，從用筆的發展角度來看只有

〔註46〕徐建融，中國繪畫的傳承與群體，山東美術出版社，2004：5。

兩大類。即勻速行筆，較少變化一類和變速提按，變化豐富一類。兩類用線在壓力、速度等物理因素，和工具、操作等技術因素的影響下呈現出不同的效果，從而形成了中國古代繪畫完整的線型演變軌跡，（表 8-1）而這兩大類用筆方法在盛唐與宋初完成了轉化。（表 8-2）從中國人物繪畫的平行線型到變速提按線型的演變當中，可以看出，盛唐時期的「蒓菜條」式線型不但打破了中鋒用筆的平行線型規範，同時還在線型當中加入了更多的書法用筆意識，在整個傳統線型流變軌跡當中成爲線型轉變的節點，是傳統人物繪畫寫意性線型的開端，所以，明代何良俊在《四友齋畫論》中即言：

吳（道子）用寫法而描法亡矣。〔註47〕

表 8-1：中國傳統描法運筆示意圖

	均勻行筆					提按頓挫行筆				
	高古遊絲	琴弦描	鐵線描	行雲流水	曹衣描	蒓菜條	釘頭鼠尾	撅頭釘	戰筆水紋	折蘆描
行筆速度	勻速	勻速	勻速	勻速	勻速	勻速略快	頓起收快	略快	快慢結合	快慢結合
用筆壓力	輕勻	均勻	略重	輕勻	重轉輕	輕重輕	重按輕提	重按忽提	斷續提按	重起輕提
筆　況	尖細	細	略細	細	略細	較粗	中鋒	禿側	粗大	長鋒
操　作	懸腕	運腕	懸肘	運腕	懸肘	懸肘	運指	運指	肘指	腕指
對應書體	小篆	小篆	大篆	篆行	篆行	行草	行書撇點	隸書撇點	金錯刀	行草

表 8-2：各時期中國古代繪畫主流畫家線型表

表 1　魏晉南北朝時期主流線形代表畫家表

姓　名	籍　貫	師　承	代　表　作	用　線　形　式
展子虔	渤　海	顧愷之	《遊春圖》、《授經圖》、《王世充像》	琴弦描、勻速
鄭法士	北周	張僧繇	《阿育王像》、《阿玄英像》、《賀若弼像》	鐵線描、疏體、張家樣、勻速
閻立本	雍州萬曆	鄭法士	《步攆圖》、《歷代帝王圖》、《凌煙閣功臣二十四圖》	鐵線描、疏體、線較粗、勻速

〔註47〕　〔明〕何俊良，四友齋畫論，俞劍華編，中國畫論類編，人民美術出版社，1986：110。

尉遲乙僧	于闐		《彌勒佛像》、《佛鋪圖》、《大悲像》	鐵線描、勻速
吳道子	河南禹縣	張僧繇	《雙林圖》、《維摩像》、《地獄變相》	鐵線描、疏體、蘭葉描、勻速
盧楞伽	長安	吳道子	《六尊者像》、《行道高僧像》	鐵線描、勻速
張萱	長安	顧愷之	《虢國夫人遊春圖》、《搗練圖》	遊絲描、鐵線、勻速描
周昉	長安	陸探微	《揮扇士女圖》、《簪畫士女圖》	鐵線描、勻速
韓幹	長安		《神駿圖》	鐵線描、勻速
韓幌	長安		《五牛圖》、《高士圖》、《堯民擊壤圖》	鐵線描、勻速
韋偃	長安	韓幌	《雙騎圖》、《牧放人馬圖》、《松下高僧圖》	鐵線描、勻速
李眞			《眞言五祖像》	鐵線描、勻速
孫位	會稽		《高逸圖》	鐵線描、勻速

表2　隋唐時期主流線形代表畫家表

姓 名	籍 貫	師 承	代 表 作	用 線 形 式
曹崇	三國吳興			高古遊絲
衛協	西晉		《伍子胥圖》、《列女圖》、《張儀像》	高古遊絲
戴逵	譙郡輊	家學	《胡人弄猿圖》、《孫綽高士圖》	高古遊絲
顧愷之	晉陵無錫	衛協	《女史箴圖》、《洛神賦圖》、《列女仁智圖》	高古遊絲、鐵線描、密體
陸探微	南朝吳人	顧愷之	《宋明帝像》、《孫高麗像》	一筆劃、密體
張僧繇	南朝武陵	家學	《維摩詰像》、《漢武射蛟圖》、《梁五帝像》	鐵線描、疏體、張家樣
曹仲達	中亞曹國	袁倩	《盧思道像》、《戈獵圖》、《耶律明月像》	鐵線描、疏體、曹家樣、曹衣出水

表3　五代時期主流線形代表畫家表

姓 名	籍 貫	師 承	代 表 作	用 線 形 式
周文矩	建康	周昉	《貴戚遊春》、《琉璃堂人物圖》、《重屏會棋圖》	鐵線描、勻速、多顫
顧閎中	江南	閻立本	《韓熙載夜宴圖》	鐵線描、勻速

王齊翰	建康	周文矩	《勘書圖》	鐵線描、蘭葉描、漸變速
衛賢	長安		《高士圖》	鐵線描、漸變速
貫休		尉遲乙僧	《十六羅漢圖》	鐵線描、漸變速

表4　宋（梁楷以前）時期主流線形代表畫家表

姓　名	籍　貫	師　承	代　表　作	用　線　形　式
武宗元	河南白波	吳道子	《朝元仙仗圖》	鐵線描、蘭葉描、變速、提按、小釘頭
李公麟	舒城	顧愷之、吳道子	《五馬圖》、《免冑圖》、《維摩天女圖》	鐵線描、變速、提按
張激		李公麟	《白蓮社圖》	鐵線描、蘭葉描、變速、提按加強
李唐	河陽	李公麟	《采薇圖》、《免冑圖》、《維摩天女圖》	鐵線描、蘭葉描變速、提按加強
賈師古	卞京	李唐	《大士圖》、《免冑圖》、《維摩天女圖》	鐵線描、變速、提按更強、釘頭

結　論

　　中國傳統平面藝術當中，最爲重要的本體組成要素是造型、形式和線型。而大多研究，無論是以歷史文本爲研究基礎的圖像學（圖像志）研究方法、考古學研究方法，還是繪畫精神的研究（文化學和人類學）都存在對本體元素分析的缺陷。一種研究方法的確立不單要在理論邏輯上具有嚴密性，同時還要在解決具體問題上具有實操性。本研究正是以美術作品的畫面視覺本體元素爲切入，旨在系統闡釋直觀闡釋中國古代美術的時代特徵及其發生、發展的自身邏輯。

　　漢唐之間是傳統考古界較爲成熟的一段研究區間，無論是在數量、質量以及分析深度等，都已形成了較爲完整的研究序列。正因如此，這些基礎研究爲中國美術考古學開展風格分析夯實了基礎。本研究將著力點設定在中古時期的平面圖像，意在能夠形成較爲清晰且明確的沿承體系。並將各時期作爲一個整體進行分析，在各時期研究中與上下時期進行縱向比較，使之形成整體流變體系。通過對形式風格、造型規則、線型程式等本體元素的討論，在一定程度上對各時期考古作品的時代風格以及在其發展序列中的地位與意義進行定位。

　　時代風格譜系是一個相對動態的過程，它具有一定的時間延展性和時代的典型性，譜系中的每一個環節都不是孤立的，它與前、後時期的藝術觀念、及社會形態密切相關，同時更與這個時代能爲其提供的技術手段密切關聯。

　　在中古時期平面圖像的風格譜系演變中，跨文化交流起著至關重要的作用，特別是由秦漢功能性美術，逐步向具有獨立審美意義的唐代繪畫的轉變，對中國古代平面圖像風格的定義具有顯見的意義。通過對中古時期平面圖像

形式風格的對比分析，由漢至唐（安史之亂之前）基本經歷了五次變革：其一，漢代爲本土的配置性概念化線群組合；其二，魏晉南北朝期間本土技法與佛畫的交融階段，出現了不同的階段性表現形式；其三，初唐時期基本延續漢晉傳統概念化線群組織觀念，並因外來體積表現的加入，逐步對結構性線群加深瞭解；其四，玄宗初，結構性線群表現突出，畫家在對外來藝術中人物體積表現觀念的深入理解後，在線形造型中加強了人物結構線群的表現，使得傳統裝飾性線群也同樣具有了表現結構體積的作用，極大的減弱了畫家主觀表現，這一時期可以說是中國古代人物繪畫以形寫神的頂峰時代；其五，玄宗末（安史之亂前），藝術家的主觀表現性被重新喚醒，畫家對結構性線群與裝飾性線群進行穿插、統一組織融合，重構了畫面形式感的表現性，形成了不同於漢晉時期的新主觀秩序性線群表現程式。（附表 1）

在這種形式風格譜系演變的同時，與其他地域美術不同的是，中古時期中國傳統繪畫中的「線」，出現了脫離框界色域的簡單作用，逐步確立獨立審美體系和風格特徵的傾向。秦漢時期繪畫中的線與其他地域性繪畫中的線相同，只是起到劃分色界的作用，而在魏晉已降所確立的平行線型程式，則首先確立了中國特色的線型規程，而隨之在中唐之後出現的變速線型以及提按線型逐步確立了繪畫中「線」的獨立審美價值以及豐富了繪畫表現性的內容和提升。（附表 1）

這些典型的中國式美術創作風格特徵是基於中國傳統哲學審美觀念對時間與空間構成的獨特理解方式，爲了解決現實物象與平面圖像之間的多維轉換，傳統藝術家利用減弱光線作用的方式，來統一畫面中由不同時間、空間狀態下的形象，從而打破了二爲表現中空間和時間的單一組合方式，創造了「遊觀」的藝術觀察原則。

中古時期平面圖像的類型化、程式化造型是各相關造型元素條理化、規則化的結果，即是與社會等級秩序相對應的普識性平面造型分類形式，也是異族造型藝術與本土造型觀念融合而成的結果。由漢魏之道德精神之美，發展爲追求感官之美，是中古時期審美風尚的典型轉換。魏晉人物形象整體透出一種清秀之美，是「秀骨清像」的審美特徵；南北朝期間受到佛畫影響「面短而豔」的審美風氣一直影響至初唐，武周至開元初期，人物體型豐滿適度，滲入了更多的人情味和現實感；開元中期以後，人物形象整體趨於豐滿肥胖；特別是天寶以後，這種豐肥妍美的趨勢愈加明顯，顯示出唐人的審美觀在此

時發生了實質性轉變。（附表2）

　　通過對中古時期墓室壁畫本體風格譜系的分析，可以看出中國古代繪畫發展至中古時期發生了質的轉變。人物畫的作用完成了由單純的倫理、教化功用逐步趨向於獨立的審美主題轉換的過程，繪畫的形式與題材愈加豐富。其形式風格以傳統概念化形式表現與體積表現相結合形成了以線代體的表現觀念。就繪畫發展史而言，在此期間魏晉南北朝技法雜存的統和是確立了中國人物畫藝術標準的關鍵因素。

　　本研究從藝術創作本體角度切入，通過對圖像本體研究方法體系的建立，為古代出土藝術品的斷代以及藝術價值等的認定提供了一個實效、明確具有實操性研究方法，更具意義的是會為中國美術考古學的建立提供一套切實可行的、具體的風格定義程式和思路，對中國美術考古學的學科獨立具有明確的現實意義。

附表1：中古時期平面藝術風格譜系演變軌跡

風格元素		秦、西漢	魏晉南北朝、初唐	開元	天寶	五代、宋
形式風格	結構線群	傳統概念化 →	結構性顯現 →	結構突出	重構	兩者結合
	裝飾線群	傳統概念化	→	弱化		
線型程式	平行線型	無規範	鐵線描（粗）	鐵線描（細）		
	變速線型			「蓴菜條」		
	提按線型					提按

附表2：中古時期平面藝術造型程式譜系的影響因素

影響因素	秦、西漢	魏晉南北朝	初唐	中唐
審美風尚		秀骨清像、面短而豔		豐肥妍美
傳統觀念	普適性認識觀、觀相術、尊卑觀念等			
佛教	體量觀念、造像儀軌、量度、世俗化			
勒石	畫像石、鑿刻	石刻線畫、推刻		以刀代筆

主要參考文獻

主要歷史文獻：

1. 〔西漢〕司馬遷，史記，北京出版社，2006。

2. 〔戰國〕莊周，莊子注疏，郭象注，成玄英疏，中華書局，2011。

3. 〔魏〕劉劭，劉國建注，人物志，長春出版社，2001。

4. 〔後晉〕劉昫等撰，舊唐書，中華書局，1975。

5. 〔南朝〕謝赫，古畫品錄，人民美術出版社，1962。

6. 〔南朝宋〕劉義慶，世說新語箋疏，中華書局，2011。

7. 〔唐〕段成式，酉陽雜俎，齊魯書社，2007。

8. 〔唐〕張彥遠，承載注，歷代名畫記，貴州人民出版社，2009。

9. 施丁主編，漢書新注，三秦出版社，1994。

10. 〔唐〕杜佑，通典，中華書局，1988。

11. 〔唐〕張說，張九齡，李林甫，大唐六典，三秦出版社，1991。

12. 〔唐〕房玄齡，晉書，中華書局，1974。

13. 〔宋〕張君房，李永晟校注，雲笈七籤——卷一百五，中華書局，2003。

14. 〔宋〕郭若虛，俞建華注，圖畫見聞志，江蘇美術出版社，2007。

15. 〔宋〕李誡，營造法式，商務印書館，1933。

16. 〔宋〕王溥，唐會要，中華書局，1957。

17. 〔宋〕歐陽修，宋祁撰，新唐書，中華書局，1975。

18. 〔宋〕米芾，畫史，見：於安瀾編，畫品叢書，上海人民美術出版社，1982。

19. 〔宋〕董逌，廣川書跋·廣川畫跋，文物出版社，1992。

20. 〔元〕湯垕，畫鑒，見：於安瀾編，畫品叢書，上海人民美術出版社，198？。

21. 〔明〕周履清，天形道貌，見：俞劍華編，中國畫論類編，人民美術出版社，1986。

22. 〔清〕董浩等編，全唐文，中華書局，1983。

23. 〔清〕陳邦彥撰，四庫文學總集選刊・歷代題畫詩類一・卷五十四，第1435冊，上海古籍出版社，1993。

24. 〔清〕徐松，張穆校，兩京城坊考，中華書局，1985。

25. 〔清〕丁皋，寫真秘訣，見：芥子園畫傳，人民美術出版社，1960。

26. 黃暉注，論衡校釋，中華書局，1990。

27. 何志明，潘運告編，唐五代畫論，湖南美術出版社，2006。

主要考古資料：

考古資料主要為漢代壁畫墓、魏晉南北朝壁畫墓、隋唐代壁畫墓簡報和發掘報告（略）

主要研究著述：

1. 俞偉超，古史的考古學探索，文物出版社，2002。

2. 陳淳，考古學理論（修訂版），復旦大學出版社，2015。

3. 中國社會科學院考古研究所、徐州博物館，漢代鈴木考古與漢文化，科學出版社，2016。

4. 湯池，軌跡——中國美術考古研究，陝西出版傳媒集團、陝西人民美術出版社，2014。

5. 何芳川、萬明，古代中西文化交流史話，中國國際廣播出版社，2010。

6. 宿白，考古發現與中西文化交流，文物出版社，2012。

7. 圖繪天地——漢畫的藝術表現性，黃雅峰，西泠印社出版社，2010。

8. 阮榮春，中國美術考古學史綱，天津人民美術出版社，2004。

9. 文物出版社，中國考古學年鑑，文物出版社，1997。

10. 陝西省考古研究院，壁上丹青——陝西出土壁畫集，科學出版社，2008。

11. 申秦雁主編，神韻與輝煌——陝西歷史博物館國寶鑑賞・唐墓壁畫卷，三秦出版社，2006。

12. 陳夏生主編，中華五千年文物集刊——服飾篇，中華五千年文物集刊編輯委員會，1986（中華民國75年）。

13. 中國科學院考古研究所，新中國的考古收穫，文物出版社，1961。

14. 中國科學院考古研究所，新中國考古發現和研究，科學出版社，1984。

15. 陳寅恪，隋唐制度淵源略論稿（卷二），河北教育出版社，2002。

16. 翦伯贊，秦漢史，北京大學出版社，1983。

17. 齊東方，隋唐考古，文物出版社，2009。

18. 齊東方，試論西安地區唐代墓葬的等級制度，見：文物出版社編，紀年北京大學考古專業三十週年論文集，文物出版社，1990。

19. 楊泓，美術考古半世紀——中國美術考古發現史，文物出版社，1997。

20. 孫秉根，西安隋唐墓葬的形制，中國考古學研究（二）——夏鼐先生考古五十年紀念論文集，科學出版社，1986。

21. 譚自強，圖解跨文化交流學，世界圖書出版西安公司，2010。

22. 蔣英矩，漢代武氏墓群石研究，山東美術出版社，1995。

23. 冉萬里，漢唐考古學講稿，三秦出版社，2008。

24. 張廣達，西域史地叢稿初編，上海古籍出版社，1995。

25. 鄭岩，魏晉南北朝壁畫墓研究，文物出版社，2002。

26. 鄭岩，魏晉南北朝壁畫墓研究（增補本），文物出版社，2016。

27. 湯用彤，漢魏兩晉南北朝佛教史，北京大學出版社，1997。

28. 沈從文，中國古代服飾研究，世紀出版集團，上海書店出版社，2007。

29. 金維諾，古帝王圖的時代與作者，見：金維諾主編，中國美術史論集，人民美術出版社，1981。

30. 羅宗強，玄學與魏晉士人心態，南開大學出版社，2003。

31. 楊仁凱，關於「唐周昉簪花仕女圖的商榷」一文的管見及其他，中國書畫研究，上海：上海古籍出版社，2006。

32. 楊泓，南北朝墓的壁畫和拼鑲磚畫，中國社會科學院考古研究所編著，中國考古學論叢——中國社會科學院考古研究所建所 40 年紀念，文物出版社，1993。

33. 宿白，北朝造型藝術中人物形象的變化，中國石窟寺研究，文物出版社，1995。

34. 龔國強，隋唐長安城佛寺研究，文物出版社，2006。

35. 李星明，唐代墓室壁畫研究，陝西人民美術出版社，2005。

36. 周積寅，中國畫論輯要（增訂本），江蘇美術出版社，2005。

37. 錢穆，中國學術思想史論叢（三），三聯書店，2009。

38. 俞偉超，漢代諸侯王與列侯墓葬的形制分析，先秦兩漢考古學論集，文物出版社，1985。

39. 羅宗真，六朝陵墓埋葬制度綜述，中國考古學會第一次年會論文集（1979），文物出版社，1980。

40. 傅江，唐代的宦官像，藝術史研究（第七輯），中山大學出版社，2005。

41. 白適銘，盛世文化表象——盛唐時期「子女畫」之出現及其美術史意義之解讀，藝術史研究（第九輯），中山大學出版社，2007。

42. 楊愛國，幽明兩界——紀年漢畫像石研究，陝西人民美術出版社，2006。

43. 金維諾，關於望都漢墓的墓主，中國美術史論集，人民美術出版社，1981。

44. 吳雲、唐紹忠，王粲集注，中州書畫社，1984。

45. 王仲犖，魏晉南北朝史，上冊，上海人民出版社，1979。

46. 儀平策，中國審美文化史——秦漢魏晉南北朝卷，山東畫報出版社，2000。

47. 黃佩賢，漢代墓室壁畫研究，文物出版社，2008。

48. 孫機，中國古輿服論叢，文物出版社，2001。

49. 王彬，唐代婦女常服淺議，陝西歷史博物館館刊（第三輯），1996。

50. 申秦雁，唐墓壁畫起稿方法的考察和研究，羅宏才主編，西部美術考古，上海大學出版社，2008。

51. 范英峰，乾陵線刻畫研究，乾陵文化研究（第三輯），三秦出版社，2007。

52. 彭修銀，中國繪畫藝術論，山西教育出版社，2001。

53. 王子雲，中國古代石刻畫選集，中國古典藝術出版社，1957。

54. 西安碑林博物館，西安碑林全集（一零二卷），廣東經濟出版社，1999。

55. 中國畫像石全集編委會，中國畫像石全集，山東美術出版社，河南美術出版社，2000。

56. 中國美術全集編輯委員會，中國美術全集，繪畫編 13，墓室壁畫，文物出版社，1988。

57. 中國美術全集編輯委員會，中國美術全集，繪畫編 2，隋唐五代繪畫，文物出版社，1988。

58. 洪再新，中國美術史圖像手冊——繪畫卷，中國美術學院出版社，2005。

59. 張鴻修，隋唐石刻藝術，三秦出版社，1998。

60. 周到，中國石刻線畫藝術概論，中國畫像石全集編輯委員會編，中國畫像石全集——第 8 輯，河南美術出版社有限公司，2000。

61. 俞建華，中國壁畫，中國古典藝術出版社，1958。

62. 劉鳳君，考古中的雕塑藝術，山東畫報出版社，2009。

63. 孫機，中國聖火——中國古文物與東西文化交流中的若干問題，遼寧教育出版社，1996。

64. 李國選，論唐墓壁畫的藝術風格，陝西歷史博物館館刊（第六輯），陝西人民教育出版社，1999。

65. 韓剛，北宋翰林圖畫院制度淵源考論，湖北教育出版社，2007。

66. 牟宗三，心體與性體，上海古籍出版社，1999。

67. 史葦湘，再論產生敦煌佛教藝術審美的社會因素，史葦湘，敦煌歷史與莫高窟藝術研究，甘肅教育出版社，2003。

68. 阮榮春，中國美術考古學史綱，天津人民美術出版社，2004。

69. 孫長初，中國藝術考古學初探，文物出版社，2004。

70. 祝重壽，中國壁畫史綱，文物出版社，1995。

71. 李翎，佛教造像量度與儀軌，宗教文化出版社，1998。

72. 張強，中國人物畫學，河南美術出版社，2005。

73. 徐建融，美術人類學，黑龍江美術出版社，1994。

74. 李零，中國方術考，東方出版社，2001。

75. 任繼愈，中國佛教史（第二卷），中國社會科學出版社，1985。

76. 曹意強，圖像與語言的轉向——後形式主義、圖像學與符號學，曹意強等，藝術史的視野——圖像研究的理論、方法與意義，中國美術學院出版社，2007。

77. 信立祥，漢代畫像石綜合研究，文物出版社，2000。

78. 黃苗子，吳道子事輯，中國畫研究——第二期，人民美術出版社，1981。

79. 袁有根，吳道子研究，人民美術出版社，2002。

80. 曾毅公，石刻考工錄，書目文獻出版社，1987。

81. 程章燦，石刻刻工研究，上海古籍出版社，2008。

82. 劉凌滄，唐代人物畫，中國古典藝術出版社，1958。

83. 俞劍華，中國古代畫論類編，人民美術出版社，1986。

84. 沙武田，敦煌畫稿研究，中央編譯出版社，2007。

85. 石守謙，風格與世變，北京大學出版社，2008。

86. 〔美〕方聞，李維琨譯，心印——中國書畫風格與結構分析研究，陝西人民美術出版社，2006。

87. 〔德〕米海里司，郭沫若譯，美術考古一世紀，新文藝出版社，1954。

88. 〔美〕方聞，敦煌的「凸凹畫」，國際漢學會議論文選，臺北中央研究所，1981。

89. 〔美〕米歇爾（W. J. T. Mitchell），「語詞與圖像」，藝術史的批評術語（「Word and Image」，Critical Terms for Art History），芝加哥大學出版社，1996。

90. 〔美〕安·達勒瓦，李震譯，藝術史方法與理論，鳳凰出版傳媒集團，江蘇美術出版社，2009。

91. 〔美〕巫鴻，時空中的美術，生活·讀書·新知三聯書店，2009。

92. 〔美〕巫鴻，文丹譯，黃小峰校，重屏——中國繪畫中的媒材與再現，世

紀出版集團，上海人民出版社，2009。

93. 〔美〕巫鴻，禮儀中的美術，生活‧讀書‧新知三聯書店，2005。

94. 〔美〕巫鴻，李清泉、鄭岩等譯，中國古代藝術與建築中的「紀念碑性」，世紀出版集團，上海人民出版社，2009。

95. 〔美〕H‧阿金，王國良、李飛躍譯，思想體系的時代——十九世紀哲學家，光明日報出版社，1989。

96. 〔德〕黑格爾，朱光潛譯，美學（第二卷），商務印書館，1996。

97. 〔美〕威廉‧詹姆斯，李紅艷譯，心理學原理，中國城市出版社，2003。

98. 〔美〕魯道夫‧阿恩海姆，滕守堯，朱疆源譯，藝術與視知覺，四川人民出版社，2006。

99. 〔英〕E‧H貢布里希，林夕，李本正，范景中譯，藝術與錯覺——圖像再現的心理學研究，浙江攝影出版社，1987。

100. 〔英〕彼得‧伯克，楊豫譯，圖像證史，北京大學出版社，2008。

101. 〔英〕尼吉爾‧溫特沃斯，董宏宇，王春辰譯，繪畫現象學，鳳凰出版傳媒集團，江蘇美術出版社，2006。

102. 〔瑞士〕H‧沃爾夫林，藝術風格學，遼寧人民出版社，1987。

103. 〔意〕達芬奇，戴勉譯，芬奇論繪畫，人民美術出版社，1979。

104. 〔俄〕康定斯基，羅世平，魏大海，辛麗譯，康定斯基論點線面，中國人民大學出版社，2008。

105. 〔德〕阿道夫‧希爾德勃蘭特，潘耀昌，造型藝術中的形式問題，中國人民大學出版社，2004。

106. 〔德〕格羅塞，蔡慕暉譯，藝術的起源，商務印書館，1984。

107. 〔意〕維柯，朱光潛譯，新科學，人民文學出版社，1986。

108. 〔德〕萊辛‧拉奧孔，朱光潛譯，人民文學出版社，1981。

109. 〔法〕羅蘭‧巴特，敘事作品結構分析導論，張寅德，敘述學研究，中國社會科學出版社，1989。

110. 〔日〕岡崎敬，4アスタアナ古墳の研究——スタンイン探檢隊の調査を中心として——東西交涉の考古學，日本東京：平凡社，1973。

111. Jao Tsong-yi，Peintures Monochromes de Dunhuang, Paris：Ecole Francaise d' Extreme-Orient, 1978.（饒宗頤，敦煌白畫，見：法國遠東學院學刊，1978。）

112. Panofsky E., Perspective as Symbolic Form Panofsky. New York: Zone Books, 1991.

113. Binford L. R., Middle- range Research and the Role of Actualistic Studies.

114. Working at Archaeology, New York: Academic, 1983; Binford L. R.,

Archaeology as Anthropology. American Antiquity, 1962,28.

115. Mary H.Fong, "The Technique of 'chiaroscuro' in Chinese Painting from Han Through tang," Artibus Asiae, vol.XXXVIII, 2.3.1976, PP.91～126.

116. 李修建，六朝人物美學：類型及意蘊，西北大學學報——哲學社會科學版，2013，（9）。

117. 唐蘭，試論顧愷之的繪畫，文物，1961，（6）。

118. 劉合心，陝西長安興教寺發現石刻線畫「搗練圖」，文物，2006，（4）。

119. 申俊龍、劉立夫，魏晉玄學向佛學轉變的內在哲學根據，南京社會科學，2000，（10）。

120. 彭自強，從「格義」到「得意」——佛教般若學與魏晉玄學交融的主線，佛學研究，1999。

121. 范文南，論「比德」到「暢神」的審美嬗變與唐代典型畫風的演化，南京藝術學院學報——美術與設計版，2006，（3）。

122. 汪小洋，南北朝帝陵壁畫墓的圖像體系討論，民族藝術，2015，（4）。

123. 武翔，江蘇六朝畫像磚研究，東南文化，1997，（1）。

124. 徐邦達，傳世閻立本步輦圖和蕭翼賺蘭亭圖的時代、作者考辨，考古與文物，1980，（1）。

125. 謝稚柳，唐代周昉「簪花仕女圖」的商榷，文物參考資料，1958，（6）。

126. 中國科學院考古研究所、安陽發掘隊，1975 年安陽殷墟的新發現，考古，1976，（4）。

127. 馮健、夏寅、Catharina Bhaensdorf、Susana Greiff，西安理工大學曲江校區西漢壁畫墓顏料分析研究，西北大學學報——自然科學版，2012，（2）。

128. 徐軍平、魯元良、宋朋遙、王雲峰、宗樹，東平漢墓壁畫製作工藝初探，文博，2009，（6）。

129. 王偉鋒、李蔓、夏寅，中國古代墓葬壁畫製作工藝初步研究，文博，2014，（5）。

130. 劉昱，魏晉時期審美文化的轉變，大眾文藝，2008，（12）。

131. 范夢，美術學——有待深入探討的學科，美術研究，2001，（2）。

132. 趙振宇，試析隋唐繪畫創作的地理分佈，美術觀察，2010，（1）。

133. 孫機，唐李壽墓石槨線刻「侍女圖」、「樂舞圖」散記，上，下，文物，1996，（5、6）。

134. 劉末，遼陽漢魏晉壁畫墓研究，邊疆考古研究，2003，（5）。

135. 繆哲，以圖證史的陷阱，讀書，2005，（2）。

136. 趙俊傑、梁建軍，朝鮮境內高句麗壁畫墓的分佈、形制與壁畫主題，邊疆考古研究，2013，（1）。

137. 陳寅恪，記唐代之李武韋楊婚姻集團，歷史研究，1954，（1）。

138. 王學敏，唐「坐部伎」和立部伎考略，中原文物，1983，（4）。

139. 王樹村，石刻線畫之發展及其研究價值，美術研究，2007，（3）。

140. 白文花，胡服與唐代服飾的關係，北方美術，1999，（2）。

141. 范英峰，李重潤墓石槨線刻宮女圖，文博，1998，（6）。

142. 王仁波，唐懿德太子墓壁畫題材分析，考古，1973，（6）。

143. 羅二虎，漢代畫像石棺研究，考古學報，2000，（1）。

144. 江梅，六朝美術中人物審美的演變，東南文化，1993，（5）。

145. 劉青硯，巫術影響下的岩畫創作，中國社會科學報，2010，（12）。

146. 劉錫誠，中國文化象徵論，民間文化論壇，1992，（2）。

147. 丁寧，視覺心理與視覺創造，新美術，1995，（2）。

148. 李彥鋒，中國傳統繪畫圖像敘事的項間，南京藝術學院學報美術與設計版，2009，（4）。

149. 漢及，宮樂圖──關於中國傳統繪畫中空間表現的思考，東南文化，2002，（10）。

150. 張小舟，北方地區魏晉十六國墓葬的分區與分期，考古學報，1987，（1）。

151. 楊孝俊，東魏北齊墓葬的考古學研究，考古與文物，2000，（5）。

152. 沙武田，邰惠麗，20世紀敦煌白畫研究概述，敦煌研究，2001，（1）

153. 陳霞，唐代的屏風──兼論吐魯番出土的屏風畫，西域研究，2002，（2）。